教科教育学 シリーズ

理科教育

橋本美保 ＋ 田中智志

三石初雄 ＋ 中西　史

刊行に寄せて

　教職課程の授業で用いられる教科書については、さまざま出版されていますが、教科教育にかんする教科書についていえば、単発的なものが多く、ひとまとまりのシリーズとして編まれたものはないように思います。教育実践にかんする一定の見識を共有しつつ、ゆるやかながらも、一定の方針のもとにまとまっている教科教育の教科書は、受講生にとっても、また授業を担当する教員にとっても、必要不可欠であると考えます。

　そこで、「新・教職課程シリーズ」の教職教養（全10巻）に続き、教科教育についても新たに教職課程用の教科書シリーズを刊行することにしました。この新しいシリーズは、教科ごとの特色を出しながらも、一定のまとまりがあり、さらに最新の成果・知見が盛り込まれた、今後の教科教育を先導する先進的で意義深い内容になっていると自負しています。

　本シリーズの方針の1つは、以下のような編集上の方針です。

　　○教育職員免許法に定められた各「教科教育法」の授業で使用される
　　　内容であり、基本的に基礎基本編と応用活用編に分けること。
　　○初等と中等の両方（小学校にない科目を除く）の指導法を含めること。
　　○教科の指導法だけではなく、各教科に密接にかかわる諸科学の最新
　　　の成果・知見を盛り込んだ、最先端の内容構成であること。
　　○本書を教科書として使用する受講生が、各自、自分なりの興味関心
　　　をもって読み進められるような、工夫を行うこと。
　　○原則として、全15回という授業回数に合わせた章構成とすること。

　本シリーズのもう1つの方針は、教育学的な観点を有することです。教科教育の基本は学力形成ですが、どのような教科教育も、それが教育である限りその根幹にあるのは人間形成です。したがって、学力形成は人間形

成と切り離されるべきではなく、学力形成と人間形成はともに支えあっています。なるほど、科学的な能力と道徳的な力とは区別されるべきですが、科学的な能力と心情的な力とは本来、結びついているのです。人間形成は、道徳的な能力の育成に収斂することではなく、心情的な力、すなわち人として世界（自然・社会・他者）と健やかにかかわる力を身につけることです。たとえば、算数を学ぶこと、国語を学ぶことは、たんに初歩的な数学、初歩的な国語学・文学の知見を、自分の願望・欲望・意図を達成する手段として身につけることではなく、世界全体と人間が健やかにかかわりあうための知見として身につけることです。たとえていえば、健やかな人間形成は家の土台であり、学力形成は建物です。土台が脆弱だったり破損していては、どんなに素敵な建物も歪んだり危険であったりします。

　人間形成の核心である世界との健やかなかかわりは、私たちがこの世界から少しばかり離れることで、ほのかながら見えてきます。古代の人は、それを「絶対性」と呼んできました。絶対性は、ラテン語でabsolutus（アブソリュートゥス）、原義は「（この世俗世界）から離れる」です。あえて道徳的に考えなくても、世事の思惑や意図から自由になって自然や生命、人や文化に向き合うとき、私たちの前には、本当に大切なこと、すなわち人が世界とともに生きるという健やかなかかわりが見えてきます。

　本書の編集は、理科教育の領域で活躍されている三石初雄先生、中西史先生にお願いいたしました。教職を志すみなさんが、本書を通じて、真に人間性豊かな、よりよい教育実践の学知的な礎を築かれることを心から願っています。

監修者　橋本美保／田中智志

まえがき

　本書は、義務教育段階の教科「理科」の学習内容をトータルに理解した上で、小学校あるいは中学校における理科の授業をどのように創り出していったらよいかを考える素材を提供することを目的として編集されている。また、大学での初等ならびに中等理科教育法等の授業で使用するとともに、現職教員が実際に理科授業を児童生徒らと創るときの参考資料になるように配慮されている。

　ここで言う「トータルに」というのは、いわゆる教育課程（curriculum）編成におけるスコープ（scope）とシーケンス（sequence）という観点とともに、教材・題材にこめた具体物の持つ総合性や関連性に留意することを重視した捉え方を指している。スコープというのは、教科と特別活動等の諸領域、あるいは教科・領域内部の学習内容の関連性を指しているが、本書では生活科や総合的な学習の時間での学習事項との関連性にも配慮した。シーケンスは、小学校から中学校での教科での学習内容の系統性を指し、小学校段階での理科の学習内容の重点・ポイントを中学校段階でのそれらを意識して設定（逆に中学校段階での理科の学習内容を小学校段階での学習内容を意識して設定）することに配慮した点に現れている。そこでは、教師の小・中学校を見通した学習内容に関するシーケンスの理解状況が、小学校あるいは中学校での学習指導の構成づくりと学習内容の重点化、学習内容の明瞭化を促すのではないかという理解に基づいている。

　もう一つの具体物の持つ総合性については、自然は、いわゆる物理・化学・生物・地学（あるいはエネルギー・粒子・生命・地球）というように分かれて存在しているのではなく、自然界は人間を含めて具体的なモノ・現象としてつながりながら、さまざまな形態をとって存在し変化しているという理解に基づいている。その具体物を通した学習では、教材・題材の選定に当たっては、身近であれば何でもよいのではなく、個別的な事例に含

まれている典型的・本質的な事柄を見定めることの重要性を強調している。

　上記の他に本書の特徴を挙げれば、理科教科書の単元や学習指導要領の学習項目を一つ一つ取り上げる形をとっていない点がある。そのような編集による本書は、日々の授業にすぐに役立たないと思われるかもしれない。しかし、そもそも教科書に書かれてあるゴシック文字で書かれている事項や事象、パスカルの原理やボイルの法則等々でも、後の学校段階から捉えればごく限られ精選されたものでしかない。本書では、「少ない典型的な学習内容を豊かな教材・題材」に絞り、それらを多様にじっくりと学ぶ学校教育の経験（＝学校ならではの学び）を、子どもらと創り出す授業づくりの事例を選定している。このような選定・編集では、自然の事象の本質とその教材開発のポイントを、具体的な学習場面を例示することにより、他の法則や概念、現象理解のための指導方法が予測・応用できるように工夫している。

　もう一つの特徴は、本書では①「なぜ、理科を学ぶのか」という素朴だが本質的な問いに留意すること、②現代に生きている児童生徒にとっての自然・科学・技術・災害（自然と科学・技術とその歴史）との関わりを、自然に潜む規則性や法則性に関わらせて学んでいけるように配慮したこと、③教師が自然科学の成果を学校教育・理科での学習課題へと"翻訳"(翻案)することの具体化過程とそのポイントを提示したこと、④理科以外での自然に関わる学びに触れながら、逆に学校教育での学びの意味を見いだしていけることに留意した点である。これらのことを通して、公的な学校教育における学び、つまり「学校ならではの学び」を創り出す契機になることを願っている。

　　　　　　　　　　　　　　　　　　編著者　三石初雄／中西　史

理科教育 Contents もくじ

刊行に寄せて　*2*

まえがき　*4*

序章　現代学校における理科教育の課題を探る－"現代ならでは"の理科教育－　*11*
　第1節　現代理科教育をめぐる3つの動き　*11*
　第2節　「学年とともに理科離れは進む」の意味・実像は？　*14*
　第3節　子どもの自然認識の深化過程の探求　*17*
　第4節　理科授業で価値選択的課題にどのように向き合うか　*19*

■ **第1部** ■

自然と子どもを結びつける学び

第1章　生活科・総合的な学習の時間と理科学習　*24*
　第1節　生活科学習　*25*
　第2節　総合的な学習の時間　*30*
　第3節　理科学習の豊かな「学び」をつくるために　*34*

第2章　地球史につなぐ理科授業の創造　*42*
　第1節　石灰岩をつくる授業（6年「水溶液の性質」）の創造　*43*
　第2節　クレーターの授業　*51*

第2部
物質・エネルギー世界を探る

第3章　「粒子」概念学習の本質と教材開発のポイント　56

第1節　物質に対する3つの見方・考え方　57
第2節　小学校では豊かな物質観を育てる　59
第3節　既習の現象を微視的な見方や考え方で説明させる　60
第4節　水溶液より先に状態変化を指導する　62
第5節　パフォーマンスを取り入れた授業例　65

第4章　物質学習の基礎を学ぶ　74

第1節　物質学習の基礎を学ぶ理科の授業　75
第2節　科学的概念としての言葉　81

第5章　力・運動・エネルギーと理科学習　87

第1節　力とは何か　88
第2節　力と道具　91
第3節　運動とエネルギー　93
第4節　エネルギーの今とこれから　95

第6章　電磁気の視点から考える物理学習　99

第1節　磁気について何をどう学ぶのか　100
第2節　電気と磁気の関係　103

Contents

第3部

自然界の成り立ちと多様性を学ぶ

第7章　生物学習の本質と教材開発のポイント　110

　第1節　小学校から「進化」の観点を！　111
　第2節　動物園を学習の場に　115
　第3節　教材・教具は自作する！　118

第8章　地域と日本・地球―地球科学学習の本質と教材開発のポイント―　121

　第1節　身近な風景を読み解く学力　122
　第2節　地球科学学習の目標　124
　第3節　地球科学学習の内容と課題　126

第9章　地球の特徴が捉えられる宇宙の学習　135

　第1節　天動説の根底にある捉え方　137
　第2節　地球は宇宙の一部だけれど特殊　139
　第3節　金星と地球の表面環境の違い　141
　第4節　活発な物質循環によって保たれる地球環境　142

第4部

生活・社会とつなげる

第10章　野生保護と環境教育から考える理科教育　152

　第1節　「分かること」と「実践すること」の統一を目指す環境教育　153

第2節　環境教育としての野生動物保全教育　　156
第3節　子どもの成長・発達と野生動物保全教育　　160

第11章　大自然による災害と理科教育　　167

第1節　自然災害を規定する3要素　　168
第2節　地域で自然災害の発生を予測する　　171
第3節　災害発生予測力を高める授業づくり　　173

第12章　学外との連携による理科教育の創造　　181

第1節　学外の人材や組織・施設との連携　　182
第2節　学外との連携の具体例　　185
第3節　世界とつながる環境測定　　190

第13章　科学技術の歴史から理科教育を考える　　200

第1節　科学の発展過程と学習の認知過程　　201
第2節　科学者の思考過程を重視した理科教育　　203
第3節　科学技術の歴史に沿った理科教育の実験教材例　　207

第5部
これからの理科教育を創り変えるために

第14章　これからの科学教育を考える─科学リテラシーの教育を目指して─　　216

第1節　全ての人々のための科学・技術教育　　217
第2節　社会の持続可能性を吟味できる自然観の教育　　220
第3節　科学技術の市民的統制を可能にする知的判断力の教育　　223

第15章 自然と生物を総合的に捉える―科学教育のカリキュラムを創り変える― *232*
 第1節 本学びと総合的学習の実現のために *233*
 第2節 子どもの成長に伴う学習指導上の6つの課題 *237*
 第3節 学習指導過程の3つの階梯 *240*

終章 **理科の教科カリキュラムの開発と教師の専門職性の探求** *245*

《資料》楽しい理科授業を作るためのアイディア情報源 *252*

コラム1 見てみよう、呼んでみよう、身近な野鳥たち！	*38*
コラム2 理科教育における小中連携の極意	*40*
コラム3 金属と非金属の見分け方	*70*
コラム4 センサーを使おう－スピードを測る	*72*
コラム5 星の世界・宇宙を探る	*146*
コラム6 メダカの卵を実体顕微鏡で観察する工夫	*148*
コラム7 博物館での学習を充実させよう！	*194*
コラム8 野草・虫・鳥の名前が分かる	*196*
コラム9 理科授業でのICT(情報通信技術)の活用法	*198*
コラム10 日用品を使っちゃおう①	*212*
コラム11 日用品を使っちゃおう②	*214*
コラム12 顕微鏡など拡大する道具を授業で活用する	*228*
コラム13 薬品との安全なつきあい方	*230*

序章

現代学校における理科教育の課題を探る
―"現代ならでは"の理科教育―

第1節 現代理科教育をめぐる3つの動き

1. 科学技術の展開と「原体験」の狭量化

　科学・技術の進展や社会の変化が顕著なとき、しばしば理科／科学教育の革新・改革が唱えられる。携帯電話やIC（集積回路）カード、自動車ナビゲーション・システム、パソコン等の普及は、いきおい学校での学び、理科教育の内容が時代遅れにならないよう、学習内容の現代化・高度化と効率化（学習量の増加）を要請してくる。また、製品を作り出し利用している技術と科学知識との関係がますます見えにくくなる中で、その技術領域・専門的知見は"専門家"だけにしか分からない状況も多くなっている。そのような時、学校での科学・技術に関する学習は、応用科学・工学的な内容を多くしていくべきなのか、それとも、より原理的で普遍的な基礎学力を重視するのか、選択的学習を導入することにするのか、学習内容の守

備範囲をどのように設定すべきかも問われている。

　他方で「理科離れ」「算数・数学嫌い」、関連して「自然離れ」「自然体験の絶対的不足」を心配する声が、あちこちから聞こえる。かつて「人見知り」になぞらえて「自然みしり」[原、1979] が指摘されたが、「『自然』を『不自然』と感じる」[大森、2004] といった感性すら浸透しつつある状況がある。理科や算数・数学離れというようなある特定の領域における「学力低下」というよりも、学びからの「逃避」というか知的探究の回避とも言えるような状況[佐藤、2000]もある。

　このような不均等とも言える現実を正面に据えながら、現代に生きる学習者に即した内側からの問い、知的探求心・好奇心や感性を耕しうる原体験との出会いや、学校での洗練された本質的問いに支えられた知識・技能等に連なる能動的学びを促すことが求められている。

2. 親の体験から予想できないほどの"学校"の変化

　そのような状況が学校教育の周辺で議論される中で、1990年前後から学校内部での大改革が進んでいる。学校教育の基本計画を示している学習指導要領には、小学校1・2年での生活科（1992年度）、総合的な学習の時間（2002年度）、小学校5・6年での外国語活動（2011年度）が新設された。学習形態も、少人数・習熟度別指導がしだいに導入され、学級単位での学習ではなく、2学級を3学級に再編し時間ごとに入れ替わる学習時間も珍しくなくなっている。このような学習指導の多様化を可能とするための非常勤教員の「加配」や、スクールカウンセラー、特別支援教育コーディネーター、スクールソーシャルワーカー活用事業等により、学級担任だけでなく、校内の多種多様な職種専門家が学校に多く関わることとなってきた。

　さらに、学校制度自体についても、学校週5日制（2002年度全面実施）や地域運営協議会制度（2002年度）、学校選択制（2003年度）や民間校長採用制度（2000年1月）、小中一貫校・中高一貫校開設等々の大小の制度改革等々が2000年代以降に矢つぎばやに実施され、学校改革に拍車がかかっている

［浜田編著、2014参照］。そして、従来以上に理科主任等には危険物管理、理科室や校内放送施設等の整理整頓、ICT（コンピュータ等を利活用した情報・コミュニケーション教育）や学外の動物園・博物館等生涯学習機関との連携や諸企画への参画も期待されている。

3． 教員免許取得単位制度の変更

　もう一つの変化が、教員養成に関わって起こりつつある。小学校の教師になるには小学校の教員免許状を取得していなければならないが、その免許取得のための大学での最低単位履修要件の変更がなされているのである。

　表1は、教育職員免許法上の取得科目単位区分と最低履修単位数の変化を示している。ここで触れておきたいことは、1998年改正で「小学校教諭の普通免許状の授与を受ける場合の教科に関する科目の単位の修得方法は、国語（書写を含む。）、社会、算数、理科、生活、音楽、図画工作、家庭及び体育の教科に関する科目のうち一以上の科目について修得するものとする」とされた点である。それ以前は、「教科に関する科目」は18単位（9教科×2単位）であった。それが、極端に言えば1教科を8単位修得でもよいということに変更されている。このことは、小学校教師になるに当たって、多くの場合「理科概論」等の名称で開設されている理科の「教科に関する科目」は2単位であるが、それさえも取得する必要はなく、他の科目

表1　教育職員免許法上の取得科目単位区分と最低修得単位数の推移

		1953年	1988年	1998年
教科に関する科目	小学校	16	18	8
	中学校	40(32)	40	20
	高等学校	40(32)	40	20
教職に関する科目	小学校	32	41	41
	中学校	14	19	31
	高等学校	14	19	23
教科または教職に関する科目	小学校			10
	中学校			8
	高等学校			16

（筆者作成）

8単位を履修していれば免許申請可能ということになったということである。このことは理科に限らず他の教科においても言えることで、「教科に関する科目」の減少と「教職に関する科目」の増加という傾向は、「教科に関する科目」の総単位数の減少と履修教科数自体の減少を招いている。この教科内容に関する学習・研究能力育成を目的とする「教科に関する科目」の単位数削減傾向は、小学校教員に限らず中学校・高等学校教諭免許状取得に当たっても推測することができよう［大野、2001］。そして、この変更は、「大学での教員養成」という戦後の教員養成の原則を崩し、学問・文化に関する知見の狭量化を招来する危惧の念をも抱かせており、2016年度中には次期学習指導要領の改訂とともに新教育職員免許法制で、さらにその傾向に拍車がかかろうとしている。

　極めて概略的ではあるが、理科の教育をめぐるこのような状況を把握しておくことは、各人が近年経験した被学校教育経験を相対化することに役立つであろうし、そこからよりリアルな理科教育改善のヒント・視点を見いだすことができるのではないだろうか。

　次に、この点に関わって悲観的に捉えられている「理科離れ」現象について、少し異なる視覚から見ておきたい。なお、科学的知識・技術に関する典型的な学習内容に関しては、次章以下の論考を参照していただくこととし、本章では、今後の理科教育に関する2つの視点からの提案をする形をとっている。

第2節　「学年とともに理科離れは進む」の意味・実像は？

　2010年前後から、各種の「学力」に関する調査が子ども・青年の生活を取り囲むかのように実施されている。その調査結果に関する報道見出しは「応用・記述　理科でも苦手──全国学力調査『理科離れ』中学から──」（『朝日新聞』2012.8.9）、「『理科離れ』続く　小学生は好きなのに…教員の指導力向上が課題」（『産経新聞』2015.8.25）というような趣旨の記事が続いてい

る。2015年度に3年ぶりに実施された理科の全国学力調査では、中学生の「理科離れが進む現状が浮かんだ」という。「理科の勉強が好き」と答えた小6は83.5％だが、中3では61.9％と減少する。その理由として、「小学校では観察や実験などの体験的学習が中心だが、中学になると理論的な授業が増え内容理解が難しくなるためだ」（『産経新聞』同上）という。しかも中3で「授業内容がよく分かる」と答えた生徒は66.9％で3教科中で最も低いという結果であったからだ。

　ところで、このような学年とともに理科離れが進んでいるとする「理科離れ」観に関して、社会学研究者から興味深い調査結果（中学1・2年生対象）が報告されている［村松編著、2004］。

　その中で、高橋道子は次のことを指摘している。1つは、理科のおもしろさと好き嫌いとは単純に表裏の関係ではないという指摘である。それは、中学2年生対象の調査結果（表2）から、女子では「中学から理科がおもしろくなったと回答しているが理科嫌い」は29.0％いて、男子では「中学から理科がつまらなくなったと回答しているが理科好き」とした生徒が32％いるという資料からの考察である。

　このデータをさらに分析し、そこから「中学になってからおもしろくなったと回答した者の中で小学校時に理科嫌いだった女子も男子も約6割いる」ことを見いだしている。しかも、その中に小学校の時に「どちらかといえば嫌い」というのではなく強い拒否感を示す「嫌いだった」という者が、女子16％、男子22％いたという。そのことから、「わたしたちは学年とともに理科離れは進むという思い込みをしがちだが、理科嫌いだった

表2　理科のおもしろさの変化と理科の好き嫌い（％）

	好き		どちらかといえば好き		どちらかといえば嫌い		嫌い	
	女子	男子	女子	男子	女子	男子	女子	男子
前からおもしろい	37.0	49.1	58.9	46.5	4.1	3.5	0.0	0.9
中学からおもしろい	14.9	11.5	56.1	71.9	25.5	14.4	3.5	2.2
中学からつまらない	1.0	3.3	17.3	28.9	66.3	50.4	15.4	17.4
前からつまらない	0.9	0.0	3.6	3.0	55.9	50.0	39.6	47.1

＊女子は p<.001、男子は p<0.1 で有意　　　　出典：［村松編著、2004］p.100 を基に作成

子どもが、中学になっておもしろいととらえ直すことも可能なのだ。ただし、その逆も同じくらいある」と指摘している。つまり、単純に理科離れが学年とともに進行しているのではなく、理科に関する関心、捉え方、理解の仕方の変化が、そこには存在しているのではないかというのである。この調査結果の考察では、その理科のおもしろさの変化、理科が好き・嫌いな理由についても触れている。

2つには、理科が好きか嫌いかに男女差が出てくるのではないか、という指摘である。この誌上の懇談会では、「男女で差があるのは意外」という現場教師の意見が示されているが、そこで紹介された調査結果や、IEA国際理科数学到達度評価学会等では、「成績」はほとんど変わらないが「好き嫌い」では日本の男女差が大きいことを取り上げている。

興味深いのは、中学1年では男女の「理科離れ」状況は変わらないが、2年になると違いが出てきているという点である（有意な違いを示している項目は「自分で考えるのが苦手」（女＝45.0％：男＝30.7％）、「計算がある」（同49.3：34.7）、「暗記がある」（同42.8：31.3）、「自然科学的なことがらに興味がない」（39.7：30.1））。

また、「理科が前からおもしろい」とした生徒の「理科が好きな理由」は、上位3項目ともに男女共通に「実験や観察がおもしろい」「自然や科学的なことがらがおもしろい」「自分で考えるのが楽しい」の順となっている。しかし、4番目の理由は男女で異なっており、男子は「自分で考えるのが楽しい」であるのに対して、女子は「ふだんの生活に関係したことが出てくる」を挙げているという。誌上では、理科での実験の意味とジェンダー問題の視点からの工夫の必要性、女子への生活的課題との関連に留意することを提案している。

ここからは生活・豊かな経験に支えられた理科学習の必要性と、それに依拠した「目に見えない世界」へと入ることができる抽象化・概念化への契機を丁寧に創ることが実践的課題として提出されている。また、これらの社会学的知見からは、子どもの自然認識の具体的な深化・展開過程のありようをよりリアルに実証的に把握する必要性が示唆されている。

第3節　子どもの自然認識の深化過程の探求

そのような子どもらの自然認識の発達過程に関しての実証的な研究は、1990年前後から積極的になされており、その一つの先駆的な研究が堀哲夫等によって進められてきた［堀、1994］。例えば、以下のような問題での子ども・青年の自然認識に関する思考過程の考察である。

「水が入ったコップの中に卵がある。そこに砂糖を溶かし込んでいくと卵はどうなるか？」という問題から考えてみよう。これはよく出てくる古くて新しい問題である。ただ、この問いを実際に調査した例は必ずしも多くない。堀は、小・中・大学生に聞いてみた結果を次のように報告している（表3）。

この結果を見ると、塩を入れていくと卵は浮いてくるが、砂糖の場合には浮いてくるとはあまり考えない状況（認識）が、小・中学生に限らず20歳の大学生くらいまでにもあることになる。食塩水中では「ものが軽くなり浮く」という誤解に基づく「知見」を身につけ、プールや風呂で体が浮かんでくるような体験を想像しているのであろう。ところで実際はどうなのかといえば、見事に卵は浮いてくる。

堀は、塩と砂糖のどちらであっても「浮いてくる」と答えた人はそれぞれ6%、11%、28%でしかないことを紹介しながら、「浮かない」と考える多くの場合は「食塩と砂糖は別」であると捉えているのではないかといい、その理由づけには次のような認識の仕方があることを指摘している。

「塩にはものを浮かす力（性質）がある。海水にも塩が含まれているの

表3　塩・砂糖を入れた場合、卵は浮き上がるか（%）

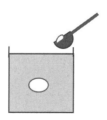

	塩を入れた場合			砂糖を入れた場合		
	浮き上がる	浮き上がらない	分からない	浮き上がる	浮き上がらない	分からない
小学6年	83	4	12	12	67	20
中学3年	79	4	15	13	58	25
大学生	88	4	7	28	42	30

出典：［堀1994］を基に作成

でものが浮く。だから、卵は軽くなって浮き上がってくる。でも、砂糖にはものを浮かす力（性質）がないから浮き上がってこない。砂糖はただ甘くするだけ」

堀はこの調査研究結果を基に、溶けた物質（溶質）の違いに目を向けさせるだけでなく、①これまでの義務教育段階のほとんどの場合、溶かす液体として水だけしか挙げていないこと、②「浮力」とそれに関する概念形成に関して水以外の溶媒を例示することや「浮く」物質を変えて考えることがないこと、③「浮力」の何がどこまで分かる必要があるかを明確にして授業や学習過程を作り出すことの必要性と課題があること、を指摘している。

現行の中学校学習指導要領理科で再度取り上げることになった「水圧」に関する事例も、実に興味深い結果を紹介している。問題文は、同じ体積の球体を水中に沈める。深く沈めたとき（状態A）と浅く沈めたとき（状態B）で「物体の浮力の大きさはどうなると思いますか」というものである。ここでは、水中での「浮力」は「浅い方が大きい」と答えた中学生は約14％から29％で、大学生は約15％である。また「深い方が大きい」と答えたのは中学生では約42％から48％であり、大学生でも約24％いることとなっている。「同じ」と答えているのは中学３年で約38％、高校生45％、大学生59％なのである。どうしてこのような思考結果となるのか興味深いところであり、堀は理科教科書での取り扱いの問題を指摘している。同じような事例を見ておこう。

「図のアとイのようにつり下げられています。このとき重さはどうなるでしょう」という問いに対して、子どもはどのように答えたのだろうか。

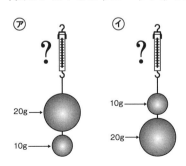

「アのほうが重い」＝２％
「どちらも同じ重さである」＝60％
「イのほうが重い」＝38％
「その他」＝０％

このような捉え方をしている子どもたちを、「これは困った、どうしようもない」と言っても解決しない。このような生活経験に根拠を置く認識（素朴な概念的理解）からの出発が重要になるのであり、この点からも学校ならではの学び＝授業づくりの試行錯誤の重要性が指摘できる。そもそも、大人でもこの問いについて「何かよく説明できない」ところがあるのではないだろうか。この設問への回答理由の分析では、「『重さ』と『質量』および『バネばかり』と『上皿てんびん』さらに力との関係を理解する上で重要な萌芽をもっている」と堀はコメントしている。つまり、生活経験も不確かで学校での学びが十分でない状態を「誤」認識と捉えるのではなく、素朴概念として捉え、素朴概念に依拠しながら、それに即した科学的認識指導が重要であり、そのような指導によって自然に関する認識が確かになり科学的認識が育っていくという理科教育観が提起されていると言えよう。

第4節　理科授業で価値選択的課題にどのように向き合うか

　2011年3月11日に東北地域を襲った地震は、大津波と原発過酷事故を伴い、これまでの防災教育のみならず学校と地域の教育のあり方をさまざまな部分から問い直すこととなった。先にウルリヒ・ベックは、チェルノブイリ原発事故後の社会状況を"リスク社会"と特徴づけた［ベック、1998］。翻って考えると、院内感染、O157感染、薬害エイズ、ダイオキシン、遺伝子組み換え食品、薬剤耐性菌ウィルス、口蹄疫、BSE、鳥インフルエンザ、放射能、そしてサリン等の事件等は、まさに「危険社会」（ベック）、「危険領域」（ニコラス・ルーマン）という兆候を示していたのではないだろうか。それは、知識基盤社会、グローバル社会と抱き合わせの「高リスク」社会の現実を暗示している。上記の事象・現象は、この価値選択・価値判断的課題を理科でも内包する可能性を示唆している。放射線・原子力教育の実践が、価値選択・判断を内包する公害教育・環境教育や平和教育と類似した性格を持ち、その取り組みにはある合理的配慮が求められるか

らである。ここでは、米国『全米科学教育スタンダード』（1995年）での取り扱いと英国『21世紀科学』（2011年）の事例から考えてみたい。

　結論的に言えば、米国、英国でもリスク・ベネフィットと意思決定場面を積極的に導入しているのである。

　米国では、全米科学教育連合学会やアメリカ科学振興協会等の科学教育関連学会の研究協力により発足したプロジェクト結果が『全米科学教育スタンダード』として米国研究審議会から公開（1995年、2001年邦訳）された。それは次のような柱である。

> K－第4学年＝「個人の健康」「集団の特徴とその変化」「資源の種類」「環境の変化」「地域社会の問題に潜む科学と技術」
> 第5－8学年＝「個人の健康」「集団、資源、環境」「自然災害」「リスクと便益」「社会における科学と技術」
> 第9－12学年＝「個人とコミュニティの健康」「人口の増加」「天然資源」「環境の質」「自然災害と人為的災害」「地域、国家、そして地球的レベルでの問題に潜む科学と技術」

　これらには「科学－技術－社会」構想（Science-Technology-Society）に支えられた独自の柱を別途設けている点が特徴となっている。

　英国の『21世紀科学』は、第10〜11学年（日本の中3〜高1）を主な対象として編集されたものである。その物理領域の第3単元「放射性物質」の中扉に、次のように書かれている。

> ◎なぜ放射性物質を学ぶのか？（略）
> ◎科学についての考え
> 　完全に安全というものはない。ある医療的処方で放射性物質を用いる前に、医師と患者は注意深くリスク（risks）と恩恵（benefits）とを比較し判断している。
> 　まもなく、放射性廃棄物を廃棄するか、あるいは新しい原子力発電所を建設するかの判断がなされるだろう。誰が決めるのだろうか、そしてあなたは意見をどのように言うことができるのだろうか。（p.232）　〈筆者訳〉

　ここでは「放射性廃棄物を廃棄するか、新原子力発電所を建設するかの

判断」を選挙権取得前の生徒が考えなければならない現実的科学的課題として学んでいる。そこでのスタンスは、リスクとベネフィットのバランスを考慮しながらも、「完全に安全というものはない」という見解を明示している点に特徴がある。

それでは、日本ではどうか。「両論併記」的記載は1990年前後の教科書検定時にコメントされたものではあるが、理科や社会、国語、家庭科教科書においてその記述を見いだすことができる。そして「意思決定」場面に触れる記述が出てきていることにも留意する必要がある。2008年改訂（告示）の『中学校学習指導要領解説理科編』の教科の「目標」の「科学的な見方や考え方を養うこと」の説明では次のように記されている。

> 「科学的な見方や考え方を養うこと」とは、自然を科学的に探究する能力や態度が育成され、自然についての理解を深めて知識を体系化し、いろいろな事象に対してそれらを総合的に活用できるようになることである。具体的には、…（中略）…とりわけ、自然環境の保全や科学技術の利用に関する問題などでは、人間が自然と調和しながら持続可能な社会をつくっていくため、身の回りの事象から地球規模の環境までを視野に入れて、科学的な根拠に基づいて賢明な意思決定ができるような力を身に付ける必要がある。」(pp.19-20)、下線は筆者）

このような記述は、今回の中学校学習指導要領理科編改訂では6カ所記載されており、「指導に当たっては、設定したテーマに関する科学技術の利用の長所や短所を整理させ、同時には成立しにくい事柄について科学的な根拠に基づいて意思決定を行わせるような場面を意識的につくるようなことが大切である」(同上解説p.68) としている。

このような価値選択的な課題に対しての理科での扱いは、慎重で十分な教材研究を基になされる必要があるが、今後取り組むに値する実践的課題と言えよう。PISAで取り上げられている問題［OECD編、2010］が全て適切であるか否かの吟味は必要ではあるが、環境に関する温室効果、酸性雨、遺伝子組み換え、電磁波、酸性雨等々の問題からは、次のようなことが指摘できよう。つまり、①危険、安全等の意見対立状況についての情報を基

に、「危険」「安全」というどちらかの意見を持つにしても、その正しさ、妥当性、判断の根拠を証明・説明することを求め、②そのために自分で情報を集め、判断する機会を保障する教育を重視し、③対立する意見を基に、今後同じ誤りを繰り返さないため批判的に検討し、④理科教育が専門家教育とともに市民教育をも担うことへの示唆が提供されているのである。このことは、公教育としての理科教育において、環境(「自然と人間の共存」)に関わるこのような価値選択的な課題について具体的にどう取り組んでいくかが、国際的観点から見ても喫緊の課題となってきており、その実践研究の促進が期待されていることを示唆していると言えよう。

引用・参考文献

OECD編(国立教育政策研究所監訳)『PISAの問題できるかな——OECD生徒の学習到達度調査』明石書店、2010年

大野栄三「理科教員養成の危機」『日本物理学会誌』VoL56、No.10、2001年

大森享『小学校環境教育実践試論——子どもを行動主体に育てるために』創風社、2004年

佐藤学『「学び」から逃走する子どもたち』岩波書店、2000年

浜田博文編著『教育の経営と制度』(新・教職課程シリーズ)一藝社、2014年

原ひろ子『子どもの文化人類学』晶文社、1979年

ベック,ウルリッヒ(東廉・伊藤美登里訳)『危険社会——新しい近代への道』法政大学出版局、1998年

堀哲夫『理科教育学とは何か——子どもの科学的概念の形成と理解研究を中心にして』東洋館出版社、1994年

村松泰子編著『理科離れしているのは誰か——全国中学生調査のジェンダー分析』日本評論社、2004年

第 *1* 部

自然と子どもを結びつける学び

第1章

生活科・総合的な学習の時間と理科学習

はじめに

　いつの時代も、子どもの学習を充実させることが求められる。学習を充実させるためには2つの視点が必要だと考える。1つは「子どもの学びの成長と発達」という視点、2つめは「学びの広がり」という視点である。
　知識基盤社会といわれる今日、理科学習の充実が求められている。この章では、理科学習の充実の手立てとして、低学年の生活科、そして3年生から始まる総合的な学習の時間との関連を考えることにする。
　「子どもの学びの成長と発達」という視点から理科と生活科との関連を考えたい。また、3年生から始まる総合的な学習の時間との関連では、「学びの広がり」という視点から、理科の学びを発展的に扱うことで、理科学習の充実を考えたい。

第1節　生活科学習

1. 生活科新設の意義とねらい

（1）生活科新設の意義

　1960年代後半から、低学年の社会科や理科の指導のあり方について検討され、研究校などの成果を踏まえながら約20年という歳月をかけて、1989年の学習指導要領改訂時に、低学年の社会と理科を廃止して生活科という新しい教科が誕生した。

　生活科の特徴は、これまで以上に子どもの発達的特性に注目し、それを教育の中に生かそうとしたことである。就学前教育との関連を考え、これまでのような形式的な教科の枠組みに縛られることなく、柔軟な対応ができるようにした。「なすことによって学ぶ」ことを重視し、活動を主軸にした体験的な学習は、子どもを生き生きとした姿にさせるものであった。また、高度成長という著しい社会の変化は、子どもの発達や成長に必要な体験やその場を狭めるという結果を招き、小学校教育にも大きな影響を与えた。そうした社会の変化へ適切に対応していくという意味でも大きなインパクトを与えた。

　生活科は、小学校教育に4つの問題提起をした。

　その1つは、「体験を重視する」ということである。これまでの教科書中心で頭だけで理解する観念的な学びに対する問題提起である。このことは教育において、それまでの「知得」だけでなく、体で学ぶ「体得」の重要さを指摘するものである。

　2つめは「個性を重視する」ということである。子どもをクラス全体の一人として見るのではなく、一人ひとりの存在を認め、一人ひとりの学力と発達・成長を保障するということである。

　3つめは「学校と家庭、学校と地域との関わりを見直す」ということで

ある。子どもの生活圏は学校だけではない。家庭や地域も、学校と同様に子どもの成長・発達にとって重要な役割を担っている。学校はそれまでの家庭や地域との関係を見直し、家庭や地域と一体になって小学校教育を考えていこうとしたことである。生活科は学びの場を学校という限定された場所から子どもの生活圏である地域社会にまで拡大したのである。

4つめは「授業のあり方を変える」ということである。これまでの学校の授業は、教師が中心になって「教える」ということが伝統的に行われてきた。しかし、生活科はこの伝統的な授業のあり方を変革しようとするものであった。子どもを中心に据え、自ら進んで活動し、主体的に「問題解決していく」授業を目指したのである。

(2) 生活科のねらい

生活科は、「具体的な活動や体験を通して、自分と身近な人々、社会及び自然との関わりに関心を持ち、自分自身や自分の生活について考えさせるとともに、その過程において生活上必要な習慣や技能を身に付けさせ、自立への基礎を養う」と小学校学習指導要領（p.72）に教科目標として示されているように、具体的な活動や体験をしながら、最終的には子どもの「自立への基礎を養う」ことをねらいとしている。

ここでいう自立とは、「学習上の自立」「生活上の自立」「精神的な自立」を指しているが、その自立を支えるものとして「自分自身に対する自信や誇りを持つこと」が必要である。生活科が最終的に養いたい「自立への基礎」とは、身近な環境に関わりながら、具体的に活動し、一人ひとりが自分自身への「自信」や「誇り」を持つことができるようにすることである。

2. 生活科学習の特徴

(1) 授業イメージ

新設された当初、生活科の授業イメージとして、これまでの授業が教師

主導で、あたかも「スズメの学校の先生はムチを振り振り……」という「スズメの学校」のようであるということと対比して、「メダカの学校」であるといわれた。「誰が生徒か先生か……」という歌詞のように、教室を見渡してよく見なければ、どこに先生がいるか分からないほど子どもが能動的で、かつ活動的であるという学習の様子を的確に表現している。

(2) 学習対象

生活科の学習対象は、目標にも示されているとおり、身近な社会や自然、人である。学校を取り巻く地域社会の文化、施設や設備、自然環境、そしてその地域に住んでいる人々などが学習の対象である。教師は学校を含めた学区の社会環境、自然環境の特徴を捉え、それら特徴を生かして選択していくことが求められる。

学区が野原や小川など豊かな自然に囲まれた学校では、それらを生かして自然環境を取り入れた活動を構想することが求められる。また、商店街や住宅という地域社会を学区に持つ学校では、その特徴を生かして社会的な施設や文化などを対象にして活動を構想する必要がある。

(3) 学習指導

①「何を育てるのか」を明確にすること

活動のねらいを明確にすることである。他教科のように「何を教えるか」ではなく、具体的な活動や体験を通して、子どもの「何を育てるか」を明確にして、これまでの授業に対する考え方を変えることが必要である。例えば、1年生がアサガオを育てる活動をする。このとき、アサガオそのものを教えるのではなく、アサガオを育てるという具体的な活動や体験を通して、栽培の仕方を覚えたり、つる性の植物の特徴に気づいたり、いっしょに栽培している友達のよさを知ったりすることをねらいと

低学年の子どもの花のイメージ

して明確に持つことが大切である。さらに、教師は、低学年の子どもが前ページの写真のように、花が1つで茎がまっすぐ立ち、葉っぱが2枚というような一般的にイメージする花とは違う育ち方をするアサガオの栽培活動を通して、植物の多様性の基礎に触れさせているということを意識することも必要である。

②「教師の関わり方」を意識すること

　子どもは試行錯誤する中で多くのことを学び、知恵を育んでいく。教師がいつでもうまく事が運ぶようなお膳立てをすることは、子どもの主体的な学びを阻害するということを意識しておきたい。子どもが活動に夢中になっているときは、黙ってそれを見守ることが最良の関わりである。当然、指導が必要な場面ではその役割を果たすことは重要であるが、子どもを引っ張るのではなく、できるだけ後押しをするという姿勢を大切にしたい。また、いつでも教師だけが教えるのではなく、学習対象によっては専門家をゲストティーチャーとして招き、本物だけが持つ厳しさや美しさなどの魅力に触れさせることも必要である。例えば、自分たちでパンを作る活動などでは、地域のパン職人を招いて話を聞くことは、教師には出せない本物の持つ魅力に触れさせることにもつながる。

③「学習活動の流れを柔軟」に考えること

　子どもの興味や関心を高め、進んで活動に取り組めるよう、子どもの意識や思考の流れを十分に考慮しながら学習を構成したい。教師の当初に描いた計画どおりに進めるのではなく、子どもの意識や関心に沿って柔軟に対応することが求められる。例えば、カタツムリを飼っていた子どもが友達のザリガニを飼っているのを見て、興味や関心がそちらに移っていくことは十分にあり得ることである。興味や関心の方向に進め、それを見守りながら支援していくことが大切である。

④「自分に目を向ける」ようにすること

　生活科は、社会や理科のように、学習対象を客観的に理解させることがねらいではない。学習対象を自分との関わりで捉えることができるようにすることである。例えば、同じザリガニを学習対象にしても、これまでの

理科ならば、「足が何本、体の大きさは何センチ」を理解させるようにした。しかし、生活科は子どもが主体的にザリガニに関わり、「僕の飼っているザリガニ、僕と仲よしだよ」などの自分との関係でザリガニを捉えていくことを大切する。「足が何本、体が何センチ」ということを学ぶことが不必要ということではない。自分と関わりながら対象を捉え、その特徴に気づいていくことを大切にしたいのである。

「こんなに好きになったんだよ」「初めは触れなかったけど、今は、こんなに触れるよ」と自分に目を向けることを大切にしたい。

⑤「表現すること」を大切にすること

見たり、聞いたり、調べたり、作ったりする活動を通して、気づいたことを表現させることを大切にしたい。もちろん、低学年だから、文字だけでなく絵や劇、歌などで表現する。こうした表現活動をすることで、自分の活動を振り返り、考えたことや感じたことを子どもなりに整理するのである。また、表現することで感じたことや考えたことを他者に伝達するのである。学区探検をしてきたことを、絵や文を交えて、「あの店には、僕の大好きなクリームパンを売っていました。見ていると食べたくなります。店のおじさんはいつも笑顔で、とても優しい人です。今度、お母さんと買いに行きます」など、自分との関わりでお店やそのおじさんについての気づきを表現する。ここに、子どもの活動を通して学んだことやお店への思いが読み取れる。そして教師は、その表現から読み取れる子どもの無意識な気づきを認めたり褒めたりしながら気づきを顕在化することも、大切な役割であることを忘れてはならない。

⑥「知的な気づき」を大切にすること

子どもは具体的に活動することで、さまざまなことに気づく。その気づきの中には、これからの学習につながる気づきがある。いわゆる知的な気づきである。例えば、町探検をしたあとの「……街角に集められたたくさんのゴミはどこに持っていって、どうするのだろう……」のような気づきは、3年の社会科の学習につながるものである。しかし、子ども自身はそうした知につながることを意識しているわけではない。教師は、こうした

知につながる気づきを認め、大切にしていくことが求められる。こうした教師の支援が、子どもの学びに向かう姿勢を促すことになる。子どもの気づきは、すぐに知につながるものではないかもしれない。しかし、教師はどんな気づきもその子どもの中で醸成され、やがて知につながるものになることを期待して大切にしたいものである。

第2節　総合的な学習の時間

1．総合的な学習の時間の新設の意義とねらい

　総合的な学習の時間（以下「総合的学習」）も生活科同様、総合的・横断的な学習や探究的な学習を通して、子どもの主体的な問題解決の活動を重視している。

（1）総合的学習の新設の意義

　1998年の学習指導要領の改訂時に新設された総合的学習は、著しい変化とともに国際化する社会の中で、自律的に「生きる力」を育むことを目指す教育が求められ、自ら学び、自ら考える力の育成を図ることを意図して新設された。教科の枠組みにとらわれず、教科横断的な内容や各教科を総合的に扱う内容、子どもの興味や関心に応じた現代的な課題（福祉・健康、環境、国際理解など）について学習できるようにした。また、教科と領域という違いはあるが、生活科の発展型として総合的学習を位置づけることができる。その理由の第1は、どちらも目標や内容が他教科と比べて枠組みが極めて緩やかであること、2つめは、どちらも学校の特色を生かしてカリキュラム構成をすることが求められていること、3つめは、どちらも活動を主にした主体的な問題解決の活動を重視していることである。

（2）総合的学習のねらい

　新設された当時は、小学校学習指導要領（1999年5月）の総則（p.42）に、そのねらいが示されていた。2008年の改訂では、総則ではなく、他教科と同様に総合的学習の解説書（p.10）が作られ、その目標として、「横断的・総合的な学習や探究的な学習を通して、自ら課題を見付け、自ら学び、自ら考え、主体的に判断し、よりよく問題を解決する資質や能力を育成するとともに、学び方やものの考え方を身に付け、問題の解決や探究活動に主体的、創造的、協同的に取り組む態度を育て、自己の生き方を考えることができるようにする」と示された。

　自己の生き方を考えるということは、これまでの見方や考え方を振り返り、学んだことを基に見方や考え方の幅を広げ深めるということである。具体的には、物事を多面的に見たり考えたりすることができることである。

　そして、他の教科や領域との決定的な違いは、具体的な目標やその内容は各学校において定めることとしたことである。

2. 総合的学習の特徴

（1）授業イメージ

　生活科の発展型としての授業をイメージしたい。子どもが興味や関心を持ったことを、友達と協同しながら探究していく学習活動である。子どもが自ら課題を見つけ、問題解決的な活動が発展的に繰り返されて、ものの見方や考え方が広がり深まっていく授業である。

（2）学習対象

　子どもにとって身近な、学校を取り巻く地域社会の中に学習対象を求めることは生活科と同様であるが、その範囲は、学年の発達とともに広がりをみせる。また、身近なところから発展し、他の地域や海外へも目を向け

るような展開も可能にしたい。例えば、ある小学校の5年生は、給食で食べた「ナタデココ」のことが気になり、それを調べていくことで、原料であるココナッツのとれる東南アジアの食文化に触れ、食に対する日本人の考え方と東南アジアの人の考え方の共通点や差異点を見いだしていった。

こうしたことが、本当の意味で国際理解につながる学びと言えるのではないだろうか。学習指導要領では、例として、福祉・健康、環境、国際理解などを挙げているが、それぞれの学校の特色を生かして学習対象を選択することが大切である。

(3) 学習指導

生活科と同様、子どもの主体的な問題解決の活動にするために、次の7つを大切にしたい。

①「何を育てるのか」を明確にすること

総合的学習では、課題発見・解決能力、論理的思考力、コミュニケーション能力などを育成することを明確にして学習を構成したい。「何かを知る」ことが目的ではなく、進んで知識や技能を習得し、それらを目的に応じて適切に活用していく資質や能力を育成することが求められている。教師は具体的な学習を通して、育てる資質・能力を明確にして、学習活動を構成することが大切である。

②「教師の適切な関わり方」を意識すること

子どもが学習に意欲的に取り組むようにするために子どもの関心を高め、興味を持って学習に向かうよう工夫したい。探究する場面では、適切な情報をアドバイスしたり、相談に乗ったり、活動を支えていく関わりが求められる。もちろん、専門的な技能や知識が必要になったときには、生活科と同様に専門家をゲストティーチャーとして招くなど、本物と出会う場面を作ることも、教師の大切な関わりの一つである。学習対象によっては、地域の教育資源を積極的に活用していく関わりも必要である。

③「探究的・協同的な学習」にすること

探究的な学習とは、課題の発見、必要な情報の収集、収集した情報の整

理・分析、そしてまとめ・表現を発展的に繰り返していく一連の学習活動をいう。このような他者と協同して課題解決しようとする学習活動を大切にしたい。こうした学習活動をしていくことが、多様な考え方を持つ他者と関わり合ったり、社会に参画したり、貢献したりする資質・能力の育成にもつながるのである。

④「体験的な活動」を重視すること

総合的学習では、生活科同様、具体的に体験しながら学ぶことが求められており、体験的な活動を大切にしている。学習対象は他の教科に比べて幅広く、具体的な体験をすることなしには、納得し実感する学びにはならない。

⑤「言語活動」を充実すること

子どもは、活動したことを言語化することで、そのプロセスで考えたことや感じたことを整理することができ、長期記憶として知を蓄積していく。これが個の学びである。言語化して表現することで、自分の考えたことや感じたことを伝達し、知を共有化していくのである。このように、個の学び、集団の学びの中で、言語活動は重要な機能を持っている。

⑥「自己の生き方」を考えることができるようにする

自己の生き方を考えるということは、多面的な見方・考え方ができるということである。探究的・協同的な学習活動を通して、これまでの自分の考え方を振り返り、学習以前より多面的に物事を捉えられるようにすることが大切である。

⑦「他教科との関連」を図ること

総合的学習の学習対象は多岐にわたる。内容的なことを考えて他教科と関連させて学習することが有効な場合もある。また、探究の方法的な関連、興味・関心の関連なども考えられる。教科横断的に関連を図り、学習を広げていくことも大切なことである。

第3節　理科学習の豊かな「学び」をつくるために

　理科学習をより充実させるためには、学びの連続性という視点から、生活科での学びを基盤にした理科学習を考えることが必要である。また、学びを広げるという視点から、学習内容は学校の裁量で規定できる総合的学習と理科を関連させ、理科学習の発展的な内容を総合的学習で扱うことが充実につながることになる。

　3年生から始まる理科学習において、生活科でのさまざまな体験活動や総合的学習での探究的・協同的な学びの経験と関連させて授業を構想することが、豊かな「学び」をつくることにつながるのである。

1. 理科と生活科・総合的学習の共通点・差異点

　理科と生活科・総合的学習の共通点として、次の2点が挙げられる。

　まず、これまで述べてきたように、生活科も総合的学習も子どもの主体的な問題解決の活動を重視していることである。理科学習もこれまで子どもの主体的な問題解決の活動を重視してきた。学習活動の基本的な在り方が共通している。

　次は、生活科も総合的学習も体験活動を重視していることである。どちらも具体的に体験することを通して学びを広げ深めていくことを大切にしている。理科の学習活動の要は、観察・実験・飼育・栽培等の具体的な体験である。双方とも実際に行動することを通して学びを広げ、深めていくことを大切にしている。

　また、理科と生活科・総合的な学習の差異点は、学習目標・内容の規定の仕方が違うことである。生活科の目標・内容は学習指導要領で示されているが、他教科と比べてその規定の仕方が緩やかであり、学校で裁量できる幅が大きい。総合的学習はもっと緩やかで、目標も内容も学校で裁量し規定することになっており、学習指導上の制限はない。子どもの思いや願

い、興味・関心に基づいて学習を進め、発展的に扱うことも可能である。

　理科は目標も指導すべき内容も学習指導要領で明確に規定している。それは、理科という教科でしか扱わない内容があるからである。

　こうした共通点や差異点を踏まえ、それらの特徴を考慮しながらこれらを関連させ、理科学習の豊かな学びを構想したい。

2．理科と生活科を関連させた学習の構築

　①生活科で最も重視しているさまざまな体験を基盤にする

　まず、理科で大切に扱いたいのは、生活科におけるさまざまな体験そのものである。理科に関係する自然体験だけでなく、社会体験、そしてその中での失敗体験・成功体験等が、理科の学習活動を豊かにする基盤になる。生活科の体験が多ければ多いほど、豊かであればあるほど、理科学習に欠かせない豊かな発想が期待できる。例えば、アサガオやヒマワリ、ミニトマトなどの栽培体験は、理科学習で植物を扱う際の基盤になる体験として生かすことができる。また、秋の季節を感じながらドングリでコマを作ったり、牛乳パックなどの身近な素材でおもちゃを作ったりする体験は、実験を計画したり、器具を操作したりするときに役立つ体験なのである。地域の人と接する社会体験は、理科学習で専門家の意見を聞きたいという発想の基盤になる。

　このように、生活科の豊かな体験は、豊かな理科学習の重要な基盤なのである。子どもが生活科で何を体験してきたか、どんなことに興味を持っていたかなどは、理科学習を構想するうえで貴重な情報であり、こうした情報を基に、子どもの実態を的確に把握して学習を構想したいものである。こうした関連を考えることが、理科学習の充実につながる。

　②生活科の内容で理科学習に直接結び付く内容は意識して大切にする

　生活科の内容の中には、直接、理科の内容と関連するものも含まれている。風の力やゴムなどの働きを利用したおもちゃを作る活動などがあるが、これらは3年生の「風やゴムのはたらき」の単元に発展する内容である。

それぞれの学年で学習活動を構想する際には、内容の関連を意識し、どのように発展させていくかを考えることが重要である。

また、3年生の「身近な自然の観察」の単元などは、生活科の学区探検や季節を感じる体験の発展としての位置づけを意識しておくことが充実につながる。こうした直接関連する内容は、そのことを意識して充実させる方向で学習活動を構想する必要がある。

3. 理科と総合的学習を関連させた学習の構築

①学び方の体験そのものの関連を図る

理科学習の充実を考える際に、総合的学習で培った探究的・協同的な学び方そのものの関連を図ることも重要な視点である。「課題発見→情報収集→情報整理・分析→まとめ→新たな課題発見」という探究的な学びのプロセスは、理科学習の問題解決のプロセスと同じである。理科学習においても、こうした総合的学習での学び方を意識した授業を考えていくことが必要である。

②学習内容の関連を図る

理科で学習した内容を、総合的な学習へ発展させる例を考えてみたい。ある学校の実践である。「水溶液の性質」という学習で、液体の酸性・中性・アルカリ性を学んだ子どもは「学校の近くの海の海水の性質は？」と興味を持った。しかし、教師はそこまで子どもの興味が広がることは想定していないし、理科の指導計画にもない。こうした理科学習での学びの発展を、総合的学習として取り組むことも必要だと考える。このクラスでは、その後、この近くの海水だけでなく、それぞれが手分けして各地の海水をペットボトルで集め、その性質を調べ、「日本近海の海水はどこも弱酸性である」ことを追究していった。さらに、これだけにとどまらず、川の上流・中流・下流の水質についても調べ、その地域の川の上流は酸性だが、下流に来るほどアルカリ性になるということも調べた。ここまで調べれば、「水溶液の性質」について、子どもは実感を伴った理解になったのではな

いだろうか。

　3年生はモンシロチョウを飼育するが、その発展として、総合的学習でカイコを飼育し、成長の仕方を比較しながら学びを広げていった例もある。

　総合的な学習の学びを理科に関連させて発展させることも、十分可能である。総合的学習は、学習内容に規定はない。その特徴を生かして、理科と関連させて理科学習の充実を考えたい。

　　　　　　　　　おわりに

　3年生から始まる理科をさらに充実させるには、生活科や総合的学習との関連を図りながら学習のあり方を考えていく必要がある。小学校教育を生活科だけ、総合的学習だけ、理科だけと単独で考えるのではなく、それらを関連させながら考えていくことが必要である。小学校教育という大きな視点から、子どもの発達・成長にとって必要な関連とは何かということを考え、授業を構想していくことが重要である。

引用・参考文献

　奥井智久編著『3年生の理科』小学館、1992年
　寺尾慎一編『生活科・総合的学習重要用語300の基礎知識』明治図書、1999年
　中野重人『生活科教育の理論と方法』東洋館出版社、1992年
　中野重人『生活科のロマン』東洋館出版社、1996年
　日本生活科・総合的学習教育学会『せいかつ＆そうごう』第17号、2010年
　日置光久・矢野英明編著『理科でどんな「力」が育つか』東洋館出版社、
　　　2007年
　堀哲夫・市川英貴編著『理科授業力向上講座』東洋館出版社、2010年
　文部科学省「今、求められる力を高める総合的な学習の時間の展開」2010年
　吉富芳正・田村学『新教科誕生の軌跡』東洋館出版社、2014年

〈コラム1〉見てみよう、呼んでみよう、身近な野鳥たち！

　野鳥というと、大きな森や公園に行かないと見ることができないのでは……？と思うかもしれません。しかし、それほど構えなくても、実は身近なところで意識せず、野鳥を目にしているものです。例えば、カラスはどこにいても見かける野鳥です。よく見ると、くちばしの形や鳴き声の違いなどから、2種類のカラスが身近にいることが分かります。他にも、スズメやムクドリ、トビなど挙げられます。これらの野鳥の中には、人間の環境をうまく利用して適応し、かえって住民から嫌われている野鳥もいます。しかし、身近に野鳥を感じることによって得るメリットもあります。例えば、命をつなぐための野鳥の巧みな生態を感じたり、野鳥を通して環境や季節の変化を捉えたりすることが挙げられます。では、野鳥の観察を始めるには、どんな野鳥からアプローチすればよいでしょうか。

ハシブトガラスのくちばし

ハシボソガラスのくちばし

　まずは、「双眼鏡がなくても肉眼で見つけることができる野鳥はいないかなあ」「ゆっくり、じっくり見たいなあ」のような思いのある人はいませんか。このような人にお勧めな野鳥は、カモやサギなどの水辺の野鳥です。特にカモは冬鳥なので、観察するには寒さを我慢しなくてはいけませんが、カモが渡ってくる池や餌付けしている場所があれば、目の前でゆっくり観察できます。

　カモのお勧めの観察ポイントとしてぜひ見てほしいところは、第1に、「オスがメスよりもきれい！」という点です。一般的に野鳥は雄がきれいですが、カモは格別です。第2に、「見る角度によって色が変わる！」という点です。独特の羽根の構造

マガモのオス(右)とメス(左)

が原因で、日光が当たる角度によって黒っぽく見える頭も、緑や紫、中にはピンクに見えたりするカモもいます。

多くのカモは、秋にシベリア方面から渡り、春にはペアを作って北に帰っていきます。そこで、見分けやすいオスを中心に、ペアを探すことも楽しいものです。そして、そんなカモたちに「シベリアから命がけで日本によく渡ってきたなあ」というねぎらいと、「婚活がんばれよ！」という思いで観察するのも楽しみの一つになるのではないでしょうか。

見る角度によって紫や緑に見えるキンクロハジロの頭部

次に、家の中で野鳥を身近に観察したいという方にお勧めの方法として「餌付け」があります。例えば、ベランダにヒマワリの種を入れた籠などをぶら下げておくと、カワラヒワがやってくることがあります。カワラヒワは、全体的に緑で、飛び立つときに黄色い羽根が目立つきれいな野鳥です。鳴き声も「ビーンコロコロコロ」とかわいい声で鳴きます。

ベランダのヒマワリを食べに来たカワラヒワ

そのほかに、シジュウカラやヤマガラなど、木の実が好きな野鳥も来るかもしれません。さらに、違った種類の野鳥を呼びたいときには、リンゴやミカンなどをおいておくと、果実が好きなヒヨドリやツグミなどの野鳥が来るときがあります。脂身などを木の枝に縛っておくと、キツツキの仲間が来ることがあります。

庭に来たヒヨドリ

餌付けよりも、もっと自然な姿で野鳥を観察したい方へのお勧めは、樹木です。学校には桜の木があると思います。桜の花が咲く頃、花の蜜を吸いにメジロやヒヨドリが来たり、樹皮の隙間の虫を食べにコゲラが来たりと、桜の木の下で観察会も可能です。ぜひ、自分のスタイルに合った観察方法で野鳥と触れ合ってはいかがでしょうか。

花の蜜を吸いに来たメジロ

（酒井康雄）

〈コラム2〉理科教育における小中連携の極意

　同じ理科教育といっても、小学校の理科教育と中学校の理科教育ではかなりの違いがある。「理科」の内容だけ考えれば、教えるものは共通かもしれないが、子どもの発達段階や周りの環境、獲得している能力などを踏まえると、こんなに違うものかと驚かされる。そこで、私自身の経験の中でこれは学生の皆さんにお伝えしたいと思ったことを少しお話させていただきたい。

　高校で専門的な理科を教えたいと思っている若い教員は、中学校の教員になると、まず自分の専門外の領域で苦労する。例えば、生物を専攻した学生は、「物理・化学・地学」をどう教えるのかで悩むのである。理科の教員といいつつも、中学校の先生は、専門以外の領域は不勉強な部分が多い。自分が中学校で習ったことを思い起こしながら、なんとか専門家のように振る舞って日々の授業をやっている。

　しかし、小学校との違いについては、その内容だけでなく、初等教育と中等教育という、教育に対する考え方の根本的な違いがものすごく大きい。例えば、教科担任制である中学校では、同じ内容の授業をいくつかの学級で複数回やるが、学級担任制である小学校では、担任が1回やって終わりである。教材研究や実験準備にかけられる時間が全く違う。あるいは、中学校では理科室がほぼ毎日使えるが、小学校では他学級との調整をしなければならない。

　私がある中学校で教員をしていたとき、すぐ隣に小学校があって、教育委員会から連携して何かやってほしいという話があった。早速小学校に出かけていって何ができるか相談したのだが、誰も経験がなく、あまりよいアイデアも浮かばず、とりあえず、私が小学生を相手に授業をしましょうということで、水溶液の実験と顕微鏡の観察をすることにした。

　なにしろ、小学校ではどんな授業をしているのか、どんなことを学習してい

るのか、何も知らないまま授業をしたのだから、明確な目的もなく、とりあえず中学校の実験器具を使ったり、顕微鏡で何か見せたりすれば子どもは喜ぶだろう、と考えた。子どもたちにしてみれば、いつもの授業と違って、中学校の校舎に足を踏み入れ、すごそうな実験器具が並ぶ理科室で、白衣を着て専門家のふりをしたおじさんが授業をすれば、大いに学んだ気になるし、小学校のものよりちょっと性能が良さそうな顕微鏡が1人1台あって、専門的な用語を教われば、それだけで盛り上がる。予想どおり、子どもたちは初めて見る中学校実験室や、顕微鏡で見える新しい世界にとても興味をそそられたようだし、子どもたちも楽しそうに活動していた。

だが、それで子どもたちの何が変わるのか。中学校への期待感を持たせ、不安感を減らすだけなのか。理科教育として何かその有用性は語れないのか。
やはり、中学校の先生は小学校の理科を勉強すること、そして小学校の先生は中学校の理科を勉強することだ。お互いの勉強をする機会を持ち、互いの学習指導要領を読み、互いの教科書を読み、議論する場を持つことである。そして、互いの学校で授業をすることである。できれば、単元をまるごと授業して、指導計画を立案するところから経験してほしい。

その後、私は単元をまるごと授業する機会に恵まれ、小学生が論理的に思考することの難しさと、学級担任制での小学校教員が専門性を持つことの限界を感じた。さらに、小学校低学年の担任をする機会もあり、生活科の授業の重要性と、低学年で理科を学習することの難しさを知ることができた。
小中連携の極意とは、互いの学校について、その本質を学ぶことである。そして、それを自分の学校で生かせるかどうかである。義務教育学校とか一貫校とか、システムを変えることにがんばっている話はよく聞くが、それだけでは形しか変わらない。教師が学ぶことで授業の質が変わり、それが子どもの学びに届いてこそ価値がある。

(伊藤　聡)

第 2 章

地球史につなぐ理科授業の創造

はじめに

　「地球史につなぐ理科の授業」とは何か。
　現在、小・中学校の理科の授業で出てくる自然事象の多くは、46億年の地球の履歴を持っている。カエルに肋骨がないのも、カエルの進化の結果によるものである。このように地球史において、自然事象がどのような進化の歩みを持っているかについて、あらためて教師が学び、理科の授業に位置づけることで、授業に奥行きと幅が出てくるのではないかと考えている。
　そうは言っても、具体的に、どんな事象も授業で生かせるというわけにはいかないし、意味のないこともあるだろう。また、どのような場で、どうすればいいか、という方法論はまだまだこれからではある。
　授業における「奥行きと幅」というのは、学ぶ側の子どもが自然に対して、言い知れぬ豊穣な世界をかいま見ることにつながっていくのだと考えている。子どもは「私は今まだ分からないことであっても、これからたく

さんのことを学び、すばらしい世界につながっているんだ」という、学ぶことへの期待や希望、喜びを感じることでもある。

長く私たちの学びのあり方は、「理解し、記憶する」ということに縛られてきた。「分かること、できること」がなにより大切にされ、いかに多くの知識を蓄えるかを競うことが「勉強」だったのである。そして、高い点数が取れたことへの喜びはあっても、「知」そのものを味わい、この世界の不思議さ、すばらしさ、そして喜びを経験するという感情を伴った「学ぶことの価値」をどこかに置き忘れてきたようにも感じる。「知と情の分離」あるいは「知の感性」の劣化である。

あらためて、子どもが学ぶ自然事象の奥に潜む「地球史」をひもとき、「知」を味わう本来の理科教育を考えてみたいと私は思っている。

川原に転がっている小さな石一つに長い履歴が存在している。教師がそのことを知ったときの驚きや感動の有無は、授業で子どもを前にしたときに、それまでとは違った指導のあり方に違いを生み、言葉に重みが出てくるにちがいない。教師の気づきは「驚きや感動」になり、授業という場で実践という形になっていく。

私は、理科の授業の新たな地平をそこに感じ、その目で教材を見つめてみたいと思っている。

第1節　石灰岩をつくる授業（6年「水溶液の性質」）の創造

1. 地球の誕生と二酸化炭素

地球は今から46億年前に誕生したといわれる。微惑星という小さな星が無数にぶつかり、大きくなっていったという。その時、微惑星の中に含まれていたたくさんのガスは、地球の重力に取り込まれ、地球の周囲を覆っていった。ガスの中でいちばん多かったのは水蒸気。そして二酸化炭素や窒素。現在、約20％ある酸素は、ずっと後から植物が作り出したもので、

その頃の地球にはなかった。

　水蒸気がたくさんあったということは、宇宙から飛んできた隕石の中にも水の成分があることからも証明されている。水蒸気は水が気化したもの、つまり水の気体である。

　宇宙には、たくさん「水」は存在している。事実、隣の惑星である火星にも、地面の下には膨大な氷が眠っているという。火星が誕生してまもない頃には、液体としての水も豊富に流れていたのである。

　地球を覆っていた水蒸気は、地球が冷えていくにつれて雨となって降り注ぎ、海を作り出した。二酸化炭素と窒素はそのままである。

　現在、地球上の大気には0.03～0.04％しか二酸化炭素はない。現在の大気の組成は、窒素が約79％、酸素が約20％。その他、わずかなものが二酸化炭素などの気体である。

　地球誕生の頃、膨大にあった二酸化炭素は、いったいどこに行ったのか。

　実は、二酸化炭素は、石となって今でも地球の大地のあちこちにある。その石こそ、「石灰岩」である。

2億年前の石灰岩（青森県八戸市産）

2．石灰岩に塩酸を注ぐ──二酸化炭素の発生

（1）石灰岩に塩酸を注ぐ

　石灰岩に薄い塩酸をかけると、激しく泡が出てくる。授業はここから始まった。

　教師用の机の前に子どもに集まってもらい、少し離れて座ってもらう。大きな石が教師用机に置かれている。この石に、薬品を一滴垂らす。板書しながら、この石は石灰岩であること、液は塩酸であることをあらかじめ知らせておく。

　塩酸を石灰岩に一滴垂らすと、石灰岩から激しく泡が出てくる。子ども

はすぐさま「おおっ」と声を上げる。

ここで教師は、「この泡はどこから出てきたのだろう」と問う。泡の元はどこにあったのか、子どもに予想してもらうのである。

黒板に3択で、次のような選択肢を出す。

　A　塩酸から出てきた。
　B　石灰岩から出てきた。
　C　両方に元があって両方から出てきた。

子どもには、この事象は初めてである。したがって、予想に根拠はない。それぞれ、直感でA、B、Cを答える。多くの子どもは、Cの「両方から」と答える。塩酸を注いで出てきたのであれば、そう答えるのも無理はない。

そこで、塩酸を石灰岩以外のものにもかけてみる。貝殻やサンゴにもかけてみる。すると、そこからも泡が出てくる。

「サンゴや貝殻にも石灰岩と同じ性質のものが入っています」と言い、泡の元は石灰岩にあることを話す。

「この泡は石灰岩の方にあったものです。では、この泡は何でしょう」とこの泡の正体へと話を進めていく。

「これまでに学習した気体にはどういうものがありましたか」

子どもが初めに挙げるのは空気である。そして酸素。これは空気の成分として6年生の初めの頃に学習している。そして二酸化炭素。火が消えたあとに出てくる気体である。

実はもう一つ学習しているはずである。それは水蒸気である。水の気体である水蒸気を、子どもはなかなか思いつかない。これは4年生で学習している。水蒸気という概念が、子どもにとっていかに難しいものか感じる。

さて、これらの気体の中で、石灰岩から出てきたのは何か。

二酸化炭素ではないか、と予想する子が出てくる。

（2）石灰岩から出てきた気体を集める

実際に、子どもたちにこの気体を集めてもらって確かめることにする。

三角フラスコに石灰岩のかけらを入れて、薄い塩酸を入れ、ゴム管から

出てきた気体を水上置換で集める。

　もしこれが二酸化炭素であれば、どうやって確かめることができるか。子どもたちは次のように答える。

①石灰水に入れると白く濁る。これは既習事項である。

②ろうそくの火を入れると消える。二酸化炭素が消すのではないが、酸素がない状態では火は消えるということも「火と空気」の学習でやっている。

③気体検知管で確かめる。これも「火と空気」の学習で経験している。

　実際にグループで確かめてもらう。それぞれのグループで石灰岩から出てきた気体を集め、①〜③の確かめを一つ一つしてもらう。

　①〜③までの実験のどれもが、この気体が二酸化炭素であることを教えてくれる。

（3）石灰岩から出てきた二酸化炭素

　そこで、私は次のようなことを話す。

> 　この石灰岩は、今からおよそ2億年前に海底でできたものです。有孔虫という体に貝殻のようなものを持った生物が大量に積み重なってできたものと言われています。この生物は、海に溶け込んだ二酸化炭素を閉じ込めたことになるのです。そう考えると、今、塩酸をかけて石灰岩から出てきたこの二酸化炭素は、2億年前に石灰岩に閉じ込められたものが、2億年ぶりに出てきたということになります。アラジンの魔法のようですね。

　石灰岩から出てきた泡は、紛れもなくこの地球上で、はるか昔に石に変わった二酸化炭素である。私が使った石灰岩は、八戸で産出した石灰岩で、三畳紀のものである。

　この石灰岩から出てくる気体は二酸化炭素ということが分かった。では、その検出方法として使った石灰水が白く濁ったということを、あらためて考えてみることにする。

　「石灰水に二酸化炭素を入れて白く濁ったのだけれども、二酸化炭素はどこに行ったのだろう」

子どもに、このような問いかけをする。子どもは、二酸化炭素を入れて白く濁ったのだから、きっとこの白く濁った中に含まれているのではないかと考える。二酸化炭素が別のものに変わって、この白い濁りになっているイメージをしている。そして二酸化炭素の元は、この白い濁りに「入っている」と考える。

(4) 石灰水を白く濁らせたもの

「では、この白い濁りを集めてみましょう」

そう言って、石灰水が白く濁ったものを集める方法を考える。

白く濁ったものは、しばらく置くと沈殿していく。この沈殿したものだけを集めるために、そっと上澄み液を捨てるという方法と、ろ過するという方法が出てくる。

ろ過して白い濁りを集める

沈殿する方法もいいが、時間がかかるのでろ過の方法をとった。どのグループも、ろ紙に白い濁りを集めていく。

いよいよ、授業のクライマックスである。

「この白い濁りの中に、本当に二酸化炭素が入っているとするなら、それを確かめる方法はありませんか」

子どもたちはしばらく考える。そして、何人かがおもむろに手を挙げる。

 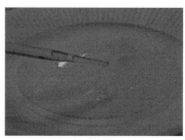

ろ紙の中央に集めた白い濁り（左）にスポイトで薄い塩酸をかける（右）

「もし、この中に二酸化炭素があるというのなら、この白い濁りに、もう一度塩酸をかけてみればいい」

考えつかなかった子も「ああ、そうだ、最初に石灰岩に塩酸をかければ二酸化炭素が出てきた」と考えてくれる。

ろ紙に集めた白い濁りに塩酸をかけてみることにする。泡が出てくれば、その泡は二酸化炭素である。子どもたちに保護メガネをかけさせ、一斉に薄い塩酸をスポイトでかける。

「シュワシュワシュワ」と、ろ紙の中央部分にたまった白い濁りから泡が出てくる。

期せずしてどのグループからも「おおっー」と歓声が上がる。やはりこの白い濁りの中に二酸化炭素が含まれていたのだ、という納得である。

私は、またそこで次のような話をする。

(5) 石灰岩を作った！

　今、みんなは、石灰水に二酸化炭素を入れて白く濁ったものを作りました。そして、その白い濁りに塩酸をかけて、白く濁ったものに二酸化炭素があることを確かめました。

　これは、今みんながここで石灰岩を作ったことになるのです。この白い濁りが石灰岩に変わったのと同じことを、今みんなは作ったのです。

　(そして、鍾乳洞の写真を提示し、)

　今、地球上の大気には0.03％しか二酸化炭素はありません。もし、この割合が少しでも多くなれば、問題になっている「地球温暖化」が進んでいくことになります。そして、地球の一つ内側を回っている金星のような灼熱の星

鍾乳洞

中国の石林

になってしまいます。

　でも二酸化炭素は、地球にはたくさんあったのです。それがどうして少なくなったかというと、石灰岩に変わっているからなのです。エジプトのピラミッドもギリシャの神殿も中国の桂林や石林も、みんな石灰岩でできています。これは、生物が体に二酸化炭素を取り入れて、それが海底に積もって石灰岩になったものです。

　このように、石灰岩は地球上のたくさんの二酸化炭素を封じ込めているのです。

　この写真の鍾乳洞のような場所に行ったことがありますか。この鍾乳洞も全部、石灰岩でできています。この中には膨大な二酸化炭素が入っているのです。

　子どもは、きっとこれから石灰岩を見るたびに、この中にはたくさんの二酸化炭素が入っていることを思うにちがいない。

(6) この授業のきっかけ

　私が、この授業を思いついたきっかけは、惑星物理学者松井孝典さんの『地球46億年の孤独』を読んだことだった。シチリア島での学会に招待された松井さんが、暗闇の中で白く照らされた石灰岩を見て、地球の歴史を語っていくという話である。二酸化炭素がこの地球でどのように循環しているかを考えさせてくれるすばらしい本だった。

　理科室で夜一人、この授業の予備実験をした。石灰水に二酸化炭素を入れて白く濁ったものが本当に「石灰岩」かどうか、私もまだ試したことはなかった。頭の中では、石灰岩も白く濁ったものも同じ炭酸カルシウムと分かっていながら、やってみなければ分からないという気持ちだった。

　石灰水に二酸化炭素を入れて白く濁る現象は、以下の化学式で表される。

　　$Ca(OH)_2 + CO_2 \rightarrow CaCO_3 + H_2O$

炭酸カルシウム（$CaCO_3$）ができる反応である。一方、石灰岩は同じく炭酸カルシウムを主成分とするために、塩酸をかけると二酸化炭素が発生する。

　　$CaCO_3 + 2HCl \rightarrow CaCl_2 + H_2O + CO_2$

この反応式からも、白く濁ったものは石灰岩であることが分かる。

　1リットルのビーカーに石灰水を入れ、そこにボンベで二酸化炭素を吹き込む。瞬く間に真っ白になる。これを一日置いた。次の日、白く濁った沈殿物は底にたまっている。上は透明な液だ。その上澄み液をそっとこぼし、沈殿物だけを取り出した。そして、薄い塩酸をスポイトで垂らした。「石灰岩」になっていれば、塩酸をかけたとき二酸化炭素が出てくるはずである。

　シュワシュワと泡が出た。これはおもしろいと一人で思った。そして、これは、きっと子どももおもしろいと思ってくれるにちがいない、と思ったのだった。

　沈殿させるのは時間がかかる。また大量の「沈殿物」も必要ない。ほんの少しでいい。だから、今度はろ過をしてみた。白く濁った石灰水をろ過させると、ろ紙に白く濁ったものが残った。ろ紙を広げて、その真ん中付近に塩酸をかけると、やはり、ろ紙の上でシュワシュワと泡を出した。

　子どもは、この白く濁ったものの中に二酸化炭素のもとがあるとは思わないかもしれない。石灰岩の中にたくさんの二酸化炭素のもとがあることも、子どもたちには信じられないことである。

　石灰岩に塩酸をかけると、たくさんの二酸化炭素が出てきても、まさか固い石の中に、二酸化炭素のもとがあるとは考えられないだろう。それはちょうど、塩酸と水酸化ナトリウムが共に激しくアルミニウムを溶かすにもかかわらず、混ぜると中和し、塩が出てくることの不思議さに似ている。

　石灰岩に塩酸をかけて二酸化炭素を発生させたことも、石灰水に二酸化炭素を入れて白く濁ったことも、化学反応によって新しいものが生まれている。二酸化炭素が中に入っているといっても、厳密に言えば違う。けれども、石灰岩に塩酸をかけて出てくる二酸化炭素と、石灰水に二酸化炭素を通して白く濁るものとは関係のあることであり、白く濁ったものが実は石灰岩と同じものであるという発見は、子どもにとって、「そうか、そうなんだ」という驚きであるにちがいないと思ったのだった。

　別々に見えていたことがつながって見え、一気に視野が広がるという体

験、それが子どもにとって「成長」と呼ばれるものであり、大切にしたい「学力」だと考えるのである。

第2節　クレーターの授業

1. なぜ「クレーター」なのか

　クレーターは、地球誕生に大きく関わっている。地球上でもたくさん見つかっているが、水や空気のない月には多くのクレーターが残されている。クレーターを作る活動を取り入れることで、子どもは、衝突が地球誕生に関わっていることに思いをはせることができるのではないかと考えたのだ。
　5年生の「おもりの働き」の授業の発展として、もしくは中学校単元として「クレーターの授業」を紹介したい。衝突が，おもりの重さや速さによって変化することは、実はクレーターを作る実験でも捉えることができるからである。

2. 実験の方法

　ホームセンターにある細かな砂を、5～10cmぐらいの厚さにバット（A3ぐらいの大きさがあればいい）に入れる。そのバットに、高さを変えて鉄球を落とす。鉄球の落ちるスピードによって、できる穴の大きさが変わる。また、鉄球を他の物に変えることで、重さにも関わることが分かる。

3. 授業の実際

（1）クレーターの写真を見る

　月の写真を提示する。無数のクレーターが見られる。これがクレーター

と呼ばれることを知らない子がいたが、大部分の子は知っていた。

　大きな穴や小さな穴があることを確認した後、この穴がどのようにしてできたのか、考えた。一つの穴が東京都よりも大きいものがあることや、どれも隕石の衝突によってできた穴であることを話した。

　（2）穴の大きさと隕石の大きさ

　子どもたちに、次のように発問した。

　「この大きさの穴ができるのに、どのくらいの大きさの隕石が落ちたのだと思いますか」

　穴よりも落ちた隕石の大きさのほうが大きい、と考えている子がたくさんいた。それは、粘土に鉄球を落としたときに、くぼみは鉄球よりも小さかった、という体験があるからである。隕石がどのくらいのスピードで落ちたのか、などの情報がないのだから、子どもがそのように考えるのも当然である。

　隕石のほうが小さい、と考える子もいる。水の中に物が落ちると、大きな波紋ができる、と考える子がいた。

　子どもたちの問題意識が、しだいにはっきりとしてきた。

　（3）クレーターを作る

　「実際にクレーターを作ってみよう」と子どもに言う。子どもは、「え

おもりを落としてクレーターを作る実験

できたクレーター

えーっ」と一様に驚いた。そんな宇宙で起きていることを、理科室でできるわけがないと考えていたからだ。確かに、本物のクレーターとは違う。衝突によって生まれる衝撃は、物が持っていたエネルギーの解放である。クレーターは、圧倒的なスピードで落ちてきた物が持っていたエネルギーの瞬間的な解放なのだ。だから、たとえ隕石は小さくても、莫大な大きさの穴が開くのである。

　やり方を簡単に指導し、また危険のないように安全に注意するように具体的に話して、いよいよグループごとにクレーター作りの実験が始まった。

　鉄球だけでなく、鉛球やガラス球でも試した。おもりの重さの違いで、クレーターの大きさは変わるか、という実験である。

　高さを一定にして、おもりを変えることや、おもりを一定にして高さを変える、という実験をしていた。高さが変わるとおもりの落ちる速さが変わることにも気づいていた。右の表が、あるグループの実験結果である。

落とすおもりの質・高さを変える

おもり	高さ(m)	穴の大きさ(cm)
鉛 (径0.9cm)	2.5	2.3
	3.0	3.0
	3.5	3.5
鉄 (径1cm)	2.5	2.5
	3.0	3.0
	3.5	3.2
ガラス (径1cm)	2.5	2.0
	3.0	3.3
	3.5	3.5

(4) 隕石の話

　隕石を調べることで地球の昔のことが分かってくる、という話をした。実物の隕石を出し、一人ひとりにそのズシリとする重さを感じてもらった。

　現在、科学の世界での最大の問題は、生命の誕生の謎、もう一つは宇宙の誕生である。宇宙の誕生があって地球の誕生がある。地球が誕生するときの話をした。地球の歴史において、無数の隕石が地球にぶつかり、地球の運命を変えていった。そんな話も子どもたちにしたのだった。

おわりに

　先般、大学の授業で「地球46億年の歴史」を4m60cmの長い紙の上に

表してみた。恐竜が栄えた中生代はおよそ2億年である。年表ではおよそ20cmになる。一方、文明を持った人間はたかだか数万年。1mmにも満たない長さしかこの地球上には存在していないのだ。

恐竜の絶滅は、ある意味偶然の出来事である。直径10kmほどの隕石の衝突は、当時としては避けられなかったことである。このことが引き金になって地球の気候が激変し、恐竜は絶えてしまったと言われている。

人間はどうか。人間は、偶然であっても必然であっても、決して絶滅してはいけない。「偶然」とは、恐竜と同じような天変地異のことである。隕石の衝突、火山の噴火、気候の変動など、地球におけるさまざまな自然の驚異によるものである。科学の叡知は、きっとこのような天変地異から人間を救うことになるはずである。「必然」とは言うまでもなく、人間自身の原因による絶滅である。核や戦争などによる殺戮が人間を絶滅に追いやることだけは絶対に避けたいものである。

物質であるはずの人間は「心」（高度な精神活動）を持った。この「心」が、人間をよりよい方向に進化させていくものになることは確かである。とするならば、理科の授業をもっと「心」温かな授業にしていくことはできないのだろうか。「知と情の分離」を避けることはできないか。

「地球史につなぐ理科の授業」の実践から見えてくるもの、それは人間のあり方である。そして理科の授業のあり方である。子どもが人間のあり方や生き方を考えていくことのできる授業こそ、これからの理科教育に必要なことだ、と筆者は考えるのである。

参考文献

NHK「地球大進化」プロジェクト『地球大進化46億年・人類への旅』全6巻、NHK出版、2004年

松井孝典『地球・46億年の孤独——ガイア仮説を超えて』徳間文庫、2000年

ヘイゼン, ロバート（円城寺守監訳）『地球進化46億年の物語』講談社、2014年

物質・エネルギー世界を探る

第3章 「粒子」概念学習の本質と教材開発のポイント

はじめに

　原子・分子等の粒子が物質の構成要素の基本単位である以上、粒子概念を育成することの重要性を疑う余地はない。最終的には、物質そのものや物質どうしの反応を粒子概念で捉えさせる。具体的には、目で見えることを、目で見えない粒子やその粒子の集合で化学変化を説明できることが授業のねらいとなる。

　一方、粒子概念は日常生活で自然に育っていきにくい。粒子が目には見えないからである。粒子概念をそのまま授業に持ち込むと、教師主導の説明中心の教え込みになりがちである。先生の話を聞いて板書をノートに写したり、ワークシートの空欄を埋めたりするだけが生徒の活動になる。今日、話題となっているアクティブ・ラーニングからは最も遠い形の授業である。生徒の主体的な学習を成立させるには、工夫が必要である。

第1節　物質に対する3つの見方・考え方

　物質に対する見方や考え方には、大まかに分けて3つの段階がある。物質の見方や考え方を「巨視的」「微視的」「記号的・数学的」に分けて考える（図1）。
　①巨視的な見方や考え方
　②微視的な見方や考え方
　③記号的・数学的な見方や考え方
　①の「巨視的な見方や考え方」は、主に小学校の段階で目で見えることを通して、科学的な物質観を培う。実際の授業では、目で見えることだけでは済まない場面もある。例えば、気体の圧縮や体積の熱膨張の場面である。「どうしてそうなるのか」と問うと、粒子モデルで説明する児童が出てくる。その原理は、②の「微視的な見方や考え方」で粒子概念に踏み込まないと説明がつかない。溶解による質量保存も同様である。といって、

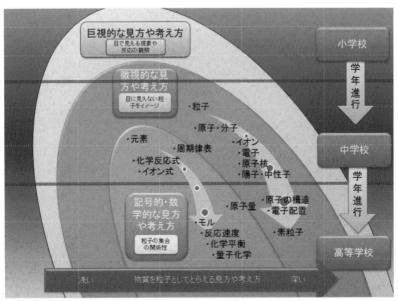

図1　物質の見方や考え方を「巨視的」「微視的」「記号的・数学的」に分けて考える

第3章　「粒子」概念学習の本質と教材開発のポイント

ほとんどの小学校では、その場面を目に見える現象を押さえるにとどめ、原理までは指導していない。小学校の教科書も学習指導要領に基づいて①の「巨視的な見方や考え方」の範囲でとどめている。

②の「微視的な見方や考え方」は主に中学校・高等学校の段階で、目で見えないことを通して物質観を培う。①の「巨視的な見方や考え方」と合わせて物質観が広がる。目で見えない小さな世界での物質をイメージさせるため、これまでに粒子モデルを活用して授業が行われてきた。生徒のイメージする粒子は、学年段階によってさまざまである。

それとは別に、②の「微視的な見方や考え方」には、物質をより細分化して、より小さな単位を考えていくという方向性と、その細分化した粒子の集合をどう捉えるかという方向性がある。後者を③の「記号的・数学的な見方や考え方」として、②の「微視的な見方や考え方」の中に包含された概念と捉えている。

すなわち、②の「微視的な見方や考え方」は、まず中学１年の「粒子」で導入する。次に中学２年で「原子」を学習する。３年になってイオンを学習する。同時に、原子の構造として電子・原子核・陽子・中性子を学び、粒子のサイズがより細かくなっていく。高等学校では、電子配置などの知識につながり、素粒子に行き着くという方向性である。

一方、③の「記号的・数学的な見方や考え方」は、中学２年から周期表の概念を学習する。元素という語句は出ないが、化学式や化学反応式は学習する。高等学校では、反応速度や化学平衡、量子化学へと発展する。

②の「微視的な見方や考え方」はなかなか定着が難しいが、③の「記号的・数学的な見方や考え方」はさらに定着が困難である。例えば、高等学校で無機・有機各論の授業の際、化学反応式は理解できても、反応式どおりに反応物が１個（数個）だとイメージしてしまい、反応物が粒子の集団であることに気づかず、収率（歩留まり）という概念がまるで分からなくなる生徒が出るという。「記号的・数学的な見方や考え方」のレベルであるモルの概念の導入や「6.02×10^{23}」個の粒子のイメージなど、物質量の理解は困難であることは、ここでつまずく高校生が母校の中学校に相談に来

ることが多いことからも明らかである。

第2節 小学校では豊かな物質観を育てる

『小学校学習指導要領解説 理科編』の小学校第3学年に、以下の記述がある。

> 本内容は、「粒子」についての基本的な見方や概念を柱とした内容のうちの「粒子の保存性」に関わるものであり、第5学年「A(1)物の溶け方」の学習につながるものである。

『学習指導要領解説』では、小学校3年生で「粒子」が出てくる。この「粒子」は、4つの柱「エネルギー」「粒子」「生命」「地球」のうちの「粒子」である。実際、粒子概念の導入は中学校からである。小学校は、まずは巨視的な見方や考え方を学ぶ段階である。第5学年の学習を経て、中学校第1学年の水溶液につながる内容となる。そのときに「粒子」となるのは分かるが、小学校の段階では「粒子」ではなく、むしろ「物質」である。その趣旨に沿ってこの部分を書き換えるなら、

> 本内容は、「物質観」についての基本的な見方や概念に含まれる。物質の保存性として、第5学年「A(1)物の溶け方」の学習につながるものである。

となる。

例えば小学校4年の「閉じ込めた空気は圧し縮められるが、水は圧し縮められないこと」で、実験で「容器に閉じ込めた空気を圧し縮めたときの手応えや体積の変化」を調べた後に「どうして空気は縮むのか、水を粒にして絵で書こう」と誘導すると、中学校1年の状態変化で学習する気体の粒子モデルで表現する児童が出る（図2）。

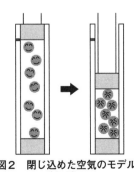

図2 閉じ込めた空気のモデル
（小4）

実際、この図が児童の表現として出てきたときに、その真偽を授業で明らかにする手立てはない。粒子は目には見えないからである。どうしても説明しようとすると、たとえ図や動画を用いたとしてもお仕着せの説明になってしまう。

　中・高の理科のレベルでなら、この場面で「粒子間の隙間はどうなっているのか、そこに何があるのか」「粒子は止まっているのか、それとも動いているのか」「粒子どうしはくっつこうとしているのか、反発し合っているのか」など、粒子概念に関わる問いかけができる。しかし、小学校の段階でそこまでは望まれていない。空気と水の性質の違いを力を加えたときに、手応えなどの体感を基にしながら比較できるようにすればよい。「力を加える前後の空気の体積変化について説明するために、図や絵を用いて表現することができるようにする」のはよいが、それが、このような粒子モデルを表現できなくても実験を通して体験がなされていれば、ひとまずそれで十分である。

第3節　既習の現象を微視的な見方や考え方で説明させる

　現象を粒子として捉えさせるのは、中学校の段階からである。小学校の内容でも、中学校の内容に発展できる単元はいくつかある。**表1**はそれをまとめたものである。この表は、小学校のうちに中学校の内容を先取りして指導できる、というのではない。小学校の既習事項で中学校の学習内容

表1　粒子概念と関連づけて捉えさせやすい小学校理科での学習内容

	小学校理科での学習内容	関連する中学校の単元
①	4年「閉じ込めた空気は圧し縮められるが、水は圧し縮められないこと」	1年「状態変化」
②	4年「金属、水および空気は、温めたり冷やしたりすると、その体積が変わること」	1年「状態変化」
③	5年「物が水に溶けても、水と物とを合わせた重さは変わらないこと」	1年「水溶液」
④	6年「水溶液には、気体が溶けているものがあること」	1年「水溶液」
⑤	6年「植物体が燃えるときには、空気中の酸素が使われて二酸化炭素ができること」	2年「化学変化」

に関連し、振り返って取り上げると、粒子概念の導入で中学校の授業で使いやすいものをいくつか例示した。具体的には、小学校で学習した現象を粒子で説明させる場面を設定することが考えられる。

例えば表中の②では、図3のような金属球膨張試験器を用いて確認実験を行うことができる。

リングを通り抜ける金属球を加熱すると、熱膨張でつっかえてしまう。これは小学校4年の定番の学習である。

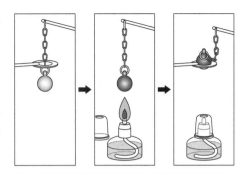

図3　金属球膨張試験器を用いた確認実験（小4）

図4　食塩を水に溶かすときの質量保存の確認実験（小5）

中学校1年の状態変化で固体を学習する際に、この現象を取り上げ、粒子で説明させる。

「この実験結果が、小学校4年生に納得できるように、粒子を使って説明しなさい」とグループごとに課題を与えると、自然に話し合いが成立する。中学生になって学習した粒子概念を使って、説明することができる。粒子の運動にも触れて粒子のモデルで、画用紙にまとめることができる。

表中の③では、図4のように電子てんびんを用いて確認実験を行う。食塩が溶けて見えなくなっても全体の質量は変化しない。これは小学校5年の定番の学習である。

中学校1年の水溶液で固体の溶解について学習する際に、この現象を取り上げ、粒子で説明させる。前述の金属球の膨張のときと同様に、「この実験結果が、小学校5年生に納得できるように、粒子を使って説明しなさい」とグループごとに課題を与えると、自然に話し合いが成立する。中学生になって学習した粒子概念を使って、説明することができる。

このような生徒の思考を表現させるには、話し合いが有効である。その際、模造紙やＡ３判程度の大きな紙と油性ペンがあるとなおよい。個人の考えを出し合って、グループの考えをまとめたり、発表したりするときに用いる。グループごとに小型のホワイトボードを用意して、そこに個人の考えをマーカーで書いたり、マグネットで貼ったりして、まとめていくのもよい方法である。

第4節　水溶液より先に状態変化を指導する

　微視的な見方や考え方は中学校第１学年から導入される。その後、高校では学習を進める前提として粒子概念はすでに定着済みで「粒子ありき」で始まる。中学校のうちに確実な定着が望まれる。

　実際の授業では、粒子が目に見えないため、教師主導の説明的な授業になりがちである。そのことを踏まえ、指導計画の作成に当たっては、以下のようなポイントを押さえたい。

　・日常経験や既習事項の現象や身の回りの物質で、粒子概念と関連づけて捉えさせる。
　・粒子概念を考えることの合理性を実感させる場面を設定する。
　・指導をスパイラルに捉え、粒子概念が段階的に導入できるようにする。
　また、粒子概念の切り口はいくつかある。
　・粒子の存在や粒子間の空間
　・粒子の結合や引力・斥力
　・粒子の保存性
　・粒子の持つエネルギーや運動

　これらの内容について確かなイメージをつかませ、「巨視的」な見方や考え方から「微視的」さらには「記号的・数学的」な見方や考え方まで段階的に発展できるよう、３つの見方や考え方を十分に関連させながら学習を進めるべきである。

表2　中学校での粒子概念の導入場面

	1年	2年	3年
項目	・状態変化 ・水溶液	・化合と分解 （化学反応式） ・酸化と還元	・酸・アルカリとイオン ・水溶液とイオン
内容	・粒子モデルの導入 ・粒子の運動	・原子 ・分子 ・化学反応と熱	・電気を帯びた原子であるイオン ・原子の成り立ち 　原子核、陽子・中性子 ・化学反応とエネルギー

　粒子概念を最初に学習するのは1年である（表2）。水溶液か状態変化の学習を行う際に導入する。

　ただ、これらの概念を生徒につかませやすくするためには、あらかじめ状態変化で粒子概念を導入し、そのとき獲得したモデルを使って溶解現象を説明する、というような指導順序の仕掛けが必要である。学習指導要領の記述の順序に従うと、状態変化より水溶液が先である。しかし、同じ学年の中では扱う項目に順序性はないので、水溶液より状態変化を先に学習したほうがよい。

　授業では、状態変化の前後で質量や体積を調べる場面を工夫して入れる。例えばキーワードの一つには「体積変化と質量保存」がある。

　まず、状態変化で獲得した概念を、水溶液の授業で使わせる。「体積変化と質量保存」は、そのまま水溶液でも使える。さらに、獲得した概念を2年の化学変化の質量保存の法則や化学反応式の導入で、スパイラルな指導の一環として生かす。

　状態変化を先に学習すれば、固体・液体・気体のそれぞれの粒子のふるまいが明らかになる。そのうえで水溶液の学習をすると、液体の粒子の熱運動が溶質の拡散の原因になるということが自然に導ける。この場合、水溶液の溶解の様子を生徒に書かせると、図5に示すよ

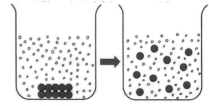

図5　状況変化で粒子概念を導入したときの溶解のモデル

うなイメージとなる。溶質も溶媒も粒子で描く生徒がほとんどとなる。

> ・砂糖は溶ける前は集まっているので目に見えるが、溶けるとバラバラになり、1個1個は小さいので目には見えなくなる。

話し合いをさせると、溶解のしくみについてさらに深い考察をする生徒が出る。

> ・加熱して水温を上げたり、ガラス棒で水をかき混ぜたりすると、水の粒はより速く動き回るので、それだけ砂糖は早く広がっていく。

このことを図で書かせると図6のように粒子の運動を矢印で表現する。状態変化の学習の時には液体の粒子の運動を矢印で表現しているからである。

粒子の運動が原因で溶けるという現象が起きる溶解のしくみがつかめている。人為的に混ぜなくても自然に混ざり合うことが理解されている。

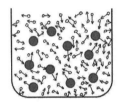

図6 矢印で粒子の運動を表現したモデル

> ・砂糖は溶ける前は集まっているので目に見えるが、溶けるとバラバラになり、1個1個は小さいので目には見えなくなる。
> ・液体の水の粒は自由に動き回ることができるので、砂糖の粒の間に水の粒が入り込んで砂糖の粒がだんだん広がっていく。

この場合、溶解前と溶解後のモデルだけではなく、溶解の途中のモデルで説明する生徒も出る。溶質の粒子の間に溶媒のモデルが入り込んで、そのため、溶質の粒子が溶媒の粒子の中に広がっていくようなモデルである（図7）。

中には、以下のような溶質と溶媒の親和性について触れる生徒もいる。

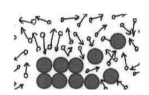

図7 粒子の運動によって溶解が起こるモデル

> ・砂糖の粒と水の粒はなじみやすい。動き回っている水の粒に引かれて、砂糖の粒が容器全体に広がる。

もちろん、水溶液を先に学習することも考えられる。その場合、溶質は

粒子として扱うのに対し、溶媒は溶質が拡散するためだけの役割となり、粒子として扱わない。この場合、水溶液を生徒に書かせると、図8に示すようなイメージとなる。粒子は溶質だけである。この場合の生徒のまとめは次のような表現になる。

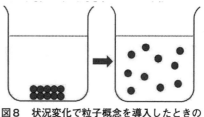
図8　状況変化で粒子概念を導入したときの溶解のモデル

・最初、砂糖は集まっているので目に見えるが、水に溶けた砂糖の粒はあまりに小さいので目には見えない。砂糖の粒は水の中を一様に広がっていく。

　言うまでもないが、粒子の運動や溶解のメカニズムに関する表現は出ない。状態変化でまず粒子概念を導入したときのイメージの深まりとは比較しようがないぐらい、単純なモデルにとどまってしまう。

　実は、溶媒も粒子であることは、その後、状態変化を学習するときに修正することはできる。実際の授業では溶媒が粒子であるこに触れずにすませる場合がほとんどだろうし、同じ学年で考え方の修正をさせるのもどうかと思われる。

　水溶液より先に状態変化を指導する方が、生徒により深い粒子概念をつかませることができる。

第5節　パフォーマンスを取り入れた授業例

　状態変化で粒子を導入する場面で、授業の一例を紹介する。
　生徒の科学的な思考はワークシートかノートに考えを書かせる、という評価が一般的である。今回紹介するのは、ロールプレイで表す授業である。生徒一人ひとりが粒子となり、そのふるまいを固体・液体・気体として粒子のサイズや数および運動等を演じ分ける。2011年3月に私が所属校の第1学年の生徒を対象に行った授業では、生徒の意欲的な取り組みがうかが

並ぶ　　　　　　　　動き出す　　　　　　　　広がる

写真では分かりにくいが、固体のときにはその場で上下運動をして固体粒子の振動を表現している生徒が多かった。−50℃の氷と−10℃の氷の違いを明らかにしているのである。また、気体では、画面から外れて理科室の隅まで走っている生徒も多かった。

図9　パフォーマンスを通した科学的な思考の表現場面

えた。

　学級を10名前後のグループに分け、グループごとに固体・液体・気体の状態を表現させ、それをお互いに見合うという形で授業を展開する（図9）。主発問「温度が変わると、粒子のふるまいはどう変わるだろうか」を板書しておく。

　「皆さんは一人が1粒ずつ水の粒子になります。水は冷えると凍って氷になり、反対に熱すると沸騰して水蒸気になりますね。それを状態変化といいます。状態によって異なる粒子間の距離や粒子が運動する速さを、人の集まりや動きで表現してください」

　動きを相談したり、練習をしたりする時間を10分ほど与える。相談の動き出しが遅いグループには、机間指導でアドバイスをする。

　粒子のサイズや大きさは変化しないが、粒子間の距離や粒子が運動する速さは変化することや、熱によって状態が変化し、その変化には可逆性があることを確認させたい。プレーヤーとなった生徒には、自らの動きが科

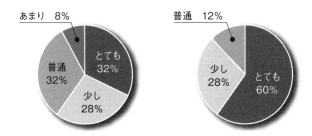

図10　生徒の自己評価

学的に適切なのかを振り返させる。見る側に回った生徒にとっては、粒子の運動のイメージを育てることをねらう。

　授業後の自己評価（図10）を見る限り、こういう授業は初めてで尻込みをする生徒も少なからずいるのではないかという心配は杞憂にすぎなかった。やらせてみれば、けっこうできるのである。表現活動としてもおもしろい。

> ・今日の授業では粒子について学習することができた。液体や気体などの状態変化は普通の授業以上に理解することができた。また、状態変化のときの粒子を見るだけでなく、実際に演じることで、粒子の動きについてよく分かった。
> ・固体・液体・気体の違いが理解できた。熱くなれば速くなって、冷たいと動きが遅くなっていくそれが分かりました。
> ・楽しかったです。状態変化は苦手なほうでしたが、楽しく取り組むことができたと思います。いつも人の答を聞いてばかりでしたが、自分の答や考えをグループの人に言うことができたし、状態変化に対してちゃんと学べたと思います。
> ・最初の班で100℃以上になったとき、互いにぶつかり合いながらはじけていたので、おもしろかったです。
> ・自分が粒子になりきることで、より理解度が深まりました。この状態のとき、どうすれば忠実に再現できるかということを班の皆でいろいろ話し合いました。
> ・見るだけではなく実際に演じてみることでよく分かった。印象に残ったので、ちゃんと覚えられて忘れないと思う。分かりやすく楽しい授業でした。

　この授業を行ううえでの留意事項は2つある。

　第1は、粒子のふるまいをどう表現すればいいのか、ある程度イメージさせておかないと、グループごとの練習のとき戸惑うグループが出る。そのためには、あらかじめ説明をしておく。例えば、「初めはマイナス100℃です。この時、水は氷ですね。どう表現すればいいと思いますか？」と発問し、生徒から「集まる」「並ぶ」「動きを止める」といった言葉を引き出

す。他にも「氷から水になります。どう表現すればいいと思いますか？水は形が変わるし、流れます。そういうところを考えてください」と発問すると、生徒からは「動き出せばいい」「並ぶ形を変える」といった言葉が出てくる。または「そのまま温度を上げていきます。100℃になると沸騰します。100℃を超えると水蒸気ですね。体積が大きく増えます。さて、水蒸気はどう表現すればいいでしょうか」等と続けて問いかけるとよい。

　第2は、評価の工夫である。その場面は2つある。最初は、ロールプレイをする場面である。生徒によって自分自身の動きをどうしているのか、行動観察で見取る。固定のビデオカメラで撮影し、記録として保存しておくとよい。次は、他のグループのロールプレイを見る場面である。三態それぞれの状態における粒子のふるまいを、粒子のサイズや数および運動、粒子間の距離等で考えさせる。ワークシートに書かれたそのまとめの記述を分析することで評価する。なお、明らかに誤っている記述については赤字で訂正をする。

　この授業の後に「気化した粒子と粒子の間のすきまには何があるのだろうか」という発問をする。「何もない」「真空」という答がすぐに出た。通常の授業では、そこまで思考が及ぶ生徒は少なく、生徒の考えは「空気」「水蒸気」で止まってしまうことが多い。すんなり正答が出たことに気を良くして、もう一歩踏み込んでみた。「温度によって粒子の運動の速さが変わるのはよく表現できていました。ところで、なんで固体になると粒子はきちんと整列するのでしょうか。ばらばらにその場に止まってしまわないのはなぜでしょうか」という発問をする。「分子間力」が正答であるが、さすがに知識としてそういう語句を持ち合わせている生徒はいない。しかし「粒子がお互いに引き合うから」という考えは出た。この授業で、粒子の運動やふるまいをイメージできたためであろう。

　いずれにせよ、このことについて話し合いをさせると、粒子についての科学的な思考がどこまで深まっているかを明らかにできる評価場面を作ることができる。

おわりに

　繰り返すようだが、粒子概念の理解と定着は難しい。言い換えれば、学校に通っているときは理解できていても、大人になると忘れてしまうということが起こりがちである。

　粒子に関する授業を行い、そのときは微視的な見方や考え方を身につけることができた生徒でも、やがて以前の巨視的な見方や考え方に戻ってしまうことがよくある。一度の授業、一つの単元だけでは、その定着が難しい。丁寧に指導を重ねることが必要である。

参考文献

今村哲史「粒子の見方や考え方——小・中・高等学校の学習内容を見通した視点から」『理科の教育』Vol.59(12)、2010年、pp.850-853

小松寛「高等学校で育てる粒子の見方・考え方——粒子ありきからはじまる高校化学の進め方」『理科の教育』Vol.60(05)、2011年、pp.334-337

山口晃弘「物質の微視的な見方や考え方を育てる評価」『理科の教育』Vol.59(07)、2010年、pp.471-473

〈コラム3〉金属と非金属の見分け方

　私たちの身の周りには、たくさんのものがあります。私たち人類とものの歴史は石器時代に始まります。その後の青銅器時代、鉄器時代を経て現代へと、火を利用して金属を加工して道具を作ることで、私たちの暮らしは大きく変わってきました。このような観点で身の周りのものを見ると、金属と非金属に分けることができます。

(1) 金属の特徴

　金属か非金属かを調べるには、どのようにしたらよいでしょうか。金属は、①電気や熱を良く通し、②金属光沢があり、③固体の状態でたたくと伸びる（展性、延性）という性質を持っています。小学校では、豆電球と乾電池で電気回路のテスターを作り、回路の間に調べたいものを挟んで豆電球がつくか調べることで、その物質の性質を調べます。筆箱やものさしなどを調べたことのある人も多いのではないでしょうか。はさみは、持ち手の部分は電気を通さないけれど、刃の部分は通すので、物質の違いを考えさせる良い教材です。金属光沢に着目させると、子どもたちはピカピカ光る

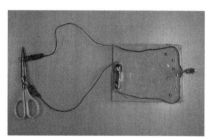

自作のクリップを用いたテスター

ものを探すので、硬貨、銀紙、金紙、ジュースの缶（アルミやスチール）など、電気を通すかどうか予想させてみるのもおもしろいでしょう。そのままでは電気を通さないけれど、被膜をはがすと通る缶や、食品なのに電気を通すお菓子のアラザンもおもしろい教材です。

(2) 原子の電気的な構造

　金属と非金属との違いはどこからきているのでしょうか。それは、物質を構成している原子の電気的な構造にあります。単一の元素からできた物質を単体といいますが、周期表の太枠内の元素が作る単体は全て金属です。つまり、この世の中にある単体の多くは金属なのです。金属は、水銀以外は常温では固体で存在しており、原子が規則正しく並んだ構造を持っています。原子の電気的な構造は、金属イオンの周りに自由に動ける電子があるので、金属は電気を通します。電気の流れやすさは温度によって異なっており、温度が高くなると減

周期表

少します。金属光沢は、電磁波の一種である光が金属内の自由電子に当たると、自由電子は光を吸収してまたすぐに放出するので、その反射光によるものです。金属は、金箔のようにどんなに薄くても光が透過しないので、透けて見えることはありません。金属をたたいた場合は、金属イオンと自由電子が電気的な力を及ぼし合って形を保っているので、形を自由に変えることができます。

(3) 非金属の特徴

　非金属は、常温で気体、液体、固体の物質があり、物質を構成している原子の構造にはいくつか種類があります。例えば、食塩（NaCl）は、Na^+イオンとCl^-イオンの静電引力によってイオン結合しています。このような物質は、たたくとこなごなになってしまいます。また、周期表第18族に属する希ガスは無味無臭の気体で、これら元素は最外殻が全て電子で満たされているので、他の原子と結び付かずに存在しています。さらに、水素分子などは、電子対が2つの原子で共有される共有結合をしており、電子的には安定した構造をしています。

　このように、身の周りにある物質はそれぞれ特徴を持った構造をしています。科学の進歩による物質構造の解明は、科学技術の発展をもたらし、現在の私たちの暮らしが成り立っています。最近では、製品の機能を高めたり、小型化を実現するレアメタルやレアアースのリサイクルにも注目が集まっています。これらは携帯電話やパソコンなどの材料の一部として使われていますが、地球上での資源量が少なく手に入りにくいものです。私たちの、ものに囲まれた暮らしは、地球の環境問題とも密接に関わっています。

（興治文子）

〈コラム4〉センサーを使おう ─ スピードを測る

(1) 実験の意図

文部科学省『小学校理科の観察、実験の手引き』(2011年) には、「『実感を伴った理解』は、児童が自ら問題を見いだし、見通しをもって追究するといった主体的な問題解決を通して得られる理解である。(中略) 観察や実験といった方法を通して、結果を実証性や再現性、客観性などの科学的な手続きで検討していく。その結果、児童は自らの知、すなわち、『科学』をつくっていくのである」とあります。

具体的に授業では、児童・生徒が身近な目に見える現象から、その裏に潜んでいる自然のしくみを解き明かす協働活動が求められています。そしてその過程で、児童・生徒が今まで学習した内容や考え方を活用して自分自身で考え、さらに言語活動を活用しながら他の児童・生徒と協力して、よりよい解を求める活動が行われることにより、「実感を伴った理解」に近づくと考えられます。

自然現象の隠れたしくみを見つけるためには、何に着目し (温度、質量、色等)、それにふさわしいセンサー (温度計、電子天秤、試薬等) を用いて実験を行うことが重要となってきます。しかし、運動に関する実験については、従来、手軽に速度を正しく、しかも瞬時に測定するセンサーがなかったため、記録タイマーを使用した実験以外あまり行われてきませんでした。

そこで今回は、瞬間の速度を比較的安価で測定できるセンサーを紹介したいと思います。商品名は㈱ナリカで販売されている「ビースピv」(定価1個2800円税別) です (下図)。あくまで簡易的な速度のセンサーになりますが、瞬間の速さが表示されるため、既に数多くの実践がなされています。インターネット上で「ビースピ」で検索すると、実践が

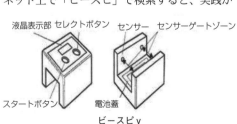
ビースピv

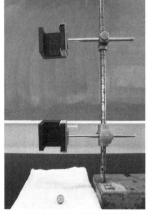
専用のスタンド取り付け用具

紹介されているので、参考にしてみてはどうでしょうか。また、すでに簡易速度計として教科書でも紹介されています。

ここでは代表的な実験データを元に、正確な測定を求めるセンサーとしてではなく、誤差を考慮しつつ数少ない速度センサーとして活用していくことにより、物理学の基礎となる運動について、児童・生徒の主体的な実験を進めていきたいものです。なお、実際の実験には、各班2個のビースピと、別売されている専用のスタンド取り付け用具を用いて行うことが有効だと思います。

(2) 実験の例

①自由落下の実験

高さ40cm上から鉄球を落下して、高さ20cm上と0cmの速度を測定しました。ただし、2つのセンサーで速さを測定するので、その中間地点を20cm、0cmとしました。

高さ40cmから字自由落下した鉄球の速度 (m/s)

高さ	実験値	理論値
20cm	1.95	1.98
0cm	2.81	2.80

②斜面から小球を転がす実験

カーテンレール上を、ほぼ同じ大きさの鉄球、ビー玉を高さ30cm上からレールに沿って落下させ、15cm上、0cmでその速度を測定しました。自由落下に比べ、レール上の摩擦が大きくなるので、速度はかなり遅くなりました。

斜面を落下した鉄球とビー玉の速度 (m/s)

高さ	鉄球	ビー玉	理論値
15cm	1.37	1.43	1.71
0cm	1.84	1.82	2.42

実験全体の様子

表示の様子

以上のような特性を考慮しながら、運動に関する法則を説明するための実験だけではなく、ニュートンやガリレオが知恵を絞ったように、法則を見つける実験にチャレンジしてみてはどうでしょうか。　　　　　(古川一博)

第4章

物質学習の基礎を学ぶ

はじめに

　小学校と中学校の理科で、基礎的な物質学習は重要な指導内容の一つである。では、物質学習の基礎を教えるとはどういうことであろうか。それは、まずは「物質はすべて重さ（質量）を持ち、空間を占めている」ということを教えることである。このことを、小学校ではマクロな現象を基に、物質の共通の性質として学習し、物質固有の性質を追求する。中学校ではミクロな視点で捉え、物質変化を追求することが大きな学習内容である。

　「全ての物質が重さ（質量）を持ち、空間を占めている」ということは、とても簡単で分かりやすい内容に見えるかもしれない。しかし、このことが全ての物質に対して成り立ち、さらに物質であるかどうかを判断する基本的な観点であることを意識することは非常に重要である。小学校と中学校の理科において、物質の世界の共通性と、物質固有の性質を理解することが重要な学習内容であるからだ。

　身の回りのものを例に、小学生や中学生に聞いてみると、実態がよく分

かる。「水は物質であるか？」「空気は物質であるか？」「真空は物質であるか？」「魂は物質であるか？」と。これらが「重さ（質量）を持ち、空間を占めているか」を考えて判断できるのであれば、物質学習の基礎は十分身につけていると言ってよいであろう。

第1節　物質学習の基礎を学ぶ理科の授業

1. 物質は空間を占める

　まず物質学習の基礎の第一歩として、「物質は空間を占める」ということを授業で扱う事例を挙げてみる。次のような学習課題を、小学生（4年生）に授業で出したときの子どもたちの様子である。

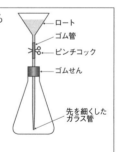

課題　右図のような装置で、ピンチコックを開けるとロートの水は全部フラスコに入るだろうか。

　小学4年生なら、次のような〈予想〉〈根拠〉をノートに書くであろう。
・水は空気より重いので、下に落ちる。
・水は高いところから低いところへ流れるから、下に流れて落ちる。
・ピンチコックをとると、水を押さえているものがなくなるので落ちる。
・空気は縮むので、その分、水は落ちる。全部は落ちない。
・フラスコの中に空気があるので、水は入らない。
・フラスコの中の空気がじゃまをして、水を入れることはできない。
・空気がフラスコにあるなら、水が入る場所がないから落ちない。
・水が落ちても、空気が逃げるところがないから落ちない。

第4章　物質学習の基礎を学ぶ

〈討論〉で、まず全員の〈予想〉を確認して人数を板書し、次にノートに書いた〈根拠〉を発表させる。すると、他の人の意見を基に、自分の考えにさらに自信を持つ者や、修正して〈予想〉を変更する者、どの意見がよいか判断に迷う者などがいる。学習集団で共有された考えで、一人ひとりが自分の考えをさらに深めることになる。中には、最初は何も考えがまとまらなかったが、他の人の意見を取り入れることで、自分の意見を確かなものにできる者も出てくる。このような学習集団を通した学習が、アクティブ・ラーニングにもつながる重要な学び合いの学習である。

「フラスコ内の空気の逃げる道筋があれば、水が入ってくる」という意見から、次のような空気の〈確かめ実験〉を提案してくる子どもも出てくる。このように〈討論〉を行うことで、全ての子どもたちが、実験をする前に自分の〈予想〉〈根拠〉を持つことができるようになっている。

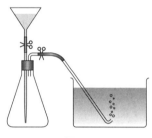

図1

この実験の結果は、「水はピンチコックを開けたときに少量の水は落ちるが、ほとんど落ちない」となる。〈確かめ実験〉でも、水槽に空気の泡が出て、その分だけ水がフラスコに入ってくるのが分かる（図1）。子どもたちは、空気は目には見えないがそこにあるのなら他の物質は入ることができない、ということを理解する。

2. 大学での模擬授業でも

大学の「理科教育法」の授業で筆者が行った模擬授業の記録を、以下に示す。参加した学生は、教育学部と理学部の大学2年生で、中学校と高校の理科教員免許取得予定者である。模擬授業では、小学6年生と同じ知識と経験を想定して自分の考えを述べること、大人の知識や経験を使ってはいけないことを、参加した学生に指示した。

《模擬授業の授業記録》

2つのペットボトルに水と空気がそれぞれ入れてあります。右図のようにしたときに、ペットボトルの水は〈予想〉ア〜エのどれになるでしょうか。2つのペットボトルは、直径1cmの穴の開いたキャップでつながれています。

模擬授業【化学課題】

水
小さな穴が空いている
空気

〈予想〉　　　　　　　人数
ア．少しずつ落ちる　30
イ．落ちない　　　　25
ウ．勢いよく落ちる　　4
エ．その他　　　　　　2

《討論》

深多（エ）「分からなかったから」

上江（エ）「水は落ちると思って。しかし、これだと単純かと思って（決めかねている）」

守本（ウ）「日常経験から、水の方が（空気より）重いから」

多川（イ）「あそこの水が落ちる理屈は、大気圧……」

教師「大気圧は中学1年生では未習かな」

多川（イ）「コップに穴を空けたものだと、空気の重さがあり穴から水が落ちてくる。この場合は空気の入っている部分が閉じているので、落ちてこない」

今長（ア）「穴のところで、空気（と水）が互いに押し合っていて、水の方が押す力が強く落ちてくる」

教師「何か質問、意見のある人（は手を挙げて下さい）」

当宮（ア）「（イ）の人へ、水のいっぱい入ったペットボトルを逆さにすると水は落ちてきます。（それと同じように）この場合も落ちてくるのではないか」

多川（イ）「おっしゃるとおりです。（その場合は）周りの空気が何ぼでも入る。（しかし）しょうゆのペットボトル、キッコーマンの鮮度を保つボトルは空気が入らないようになっている（そのために出てこない）」

濱本（イ）「経験的に、（食卓で使う）しょうゆ差しに小さい穴が開いている。この小さい穴を指で押さえると、（しょうゆが出るのが）止まる。（この課題はしょうゆ差しに）指をした状態である。（水が落ちるかどうかは）中に空気が入るかどうかが重要な

第4章　物質学習の基礎を学ぶ

点（である）」
小田（ウ）「（水のいっぱい入った）ペットボトルを逆さにすることを考えると、勢いよく（水が）落ちる。水が下に落ちようとすると、中の圧力が下がり（水が）落ちる。下に落ちてくると（下のペットボトルが）膨らみ、上に空気が送り込まれる」
宮元（イ）「食用油の入っている缶（は）、2カ所穴を開ける。1カ所しか（穴が）ないと、出口に油が詰まって、空気の移動がない（ので油が出てこない）」
教師「では〔討論から〕を書いて下さい」

　この大学生への模擬授業においても、「物質は空間を占め、ある物質が移動しないと他の物質がその空間を占めることができないこと」が授業の目標である。この授業の記録から、大学生でも小学生と同じように、物質学習の基礎として「全ての物質は空間を占めること」を第一歩とした授業では、同じような考えが討論で協議されていることが分かる。日常生活の例（しょうゆ差しの例など）を挙げながらの討論の様子は、小学生や中学生の授業においてもよく見られる事例である。

3. 気体も空間を占め、重さ（質量）がある学習へ

　物質は必ず空間を占めることを学習したら、次にその概念をさらに拡張させ、全ての物質は重さ（質量）があり、物質の出入りがなければ重さ（質量）は保存されることを扱いたい。特に『気体はものである』という授業では、「物質が空間を占めること」と「重さ（質量）があること」を意識させることができる。
　空気のような気体が空間を占める学習をすでに終えていても、気体には重さ（質量）があるかどうかは、小学生には自明なことではない。中学校1年生の大気圧の授業で、空気に質量があることを学習するので、中学生は、気体には重さ（質量）があると答える場合が多い。しかし、全ての物質の普遍的な性質として、それを捉えているかどうかは疑わしい。

1気圧の空気中でその空気の重さ（質量）を量ることはできない。そのため、空気の重さ（質量）を量れるかどうかを子どもたちに考えさせる前に、どうしても学習しておかなくてはいけない内容がある。

　下記の事例は、『気体はものである』という指導計画の中で行われた小学校4年生の授業の討論の一部である。このクラスでは、この授業までに、前出の「ロートの水がフラスコに落ちるか」の実験、注射器に空気を入れると縮むこと、注射器の中の空気は「分子」として存在していること、を学習済みである。

《小学生（4年生）の討論の一部》

授業者　空気のボンベには、外と同じように空気が入っている（600ml）。自転車の空気入れを使って、もっとたくさん空気を詰め込むことができるだろうか。

〈子どもたちの予想〉

　入る　　　　　　32人
　入らない　　　　 5人
　？（迷っている）2人

〈子どもたちの討論〉

S1（？の子）「空気の分子のすきまがあることが分かって、それを重ねられるならもっと（空気は）入り、分子をぎゅうぎゅうに重ねられないなら入らない」

S2（入らない）「入らない（と思う）。理由は、ものには限界がある。それに空気を入れたら、空気が出ていく」

S3（入らない）「理由は、昨日の実験（空気の入った注射器を手で押す実験）で、空気は一度縮んで戻ってしまうから」

S4　（S3へ）「空気は戻るの？　どういうふうに？」

S3「昨日、注射器で押したとき戻って、押したとき空気は（体積が）小さくなったけど、押すのをやめたら元に戻った」

S4「うーん」

S5「ボンベに（一度）入れた空気は出ないと、先生が言った。（注射器だと）ずっと押している状態で、（元には）戻らない」

> S4 「今日は（空気が）出るところがないから違う」
> S5 （入る）「（ボンベに空気は）入ると思います。理由は、空気の体積にはすきまがあると（前の授業で）分かったから。600ml以上入ると思います」
> S6 （入る）「（空気は）押し込める。理由は、空気（の分子）にたくさんすきまがあって、押すことですきまが小さくなっていることが分かっているからです」
> S7 （入る）「（空気を）押し込めることができる。理由は、前回空気にすきまがあるとやったから」
> S8 （入る）「（空気が）入ると思います。前回の実験で、分子と分子の間にすきまがあいているからです。分子と分子の間がなくなるから入っていく」
>
> （以下省略）

　子どもたちは前時に、空気を縮めることができるかどうかを、注射器を使って確かめている。その授業で多くの子どもたちは、「ロートの実験」で「空気は空間を占めている」ということを学習しているから、「空気はすでに空間を占めているので、縮めることはできない」と考えていた。しかし、実験で空気が注射器でみごとに縮められることを目の当たりにして、かなり衝撃的に考えを揺さぶられている。同時に、このクラスでは、「空気は分子という目に見えないくらい小さい粒で空間にある」ということを教師からの説明を聞いて学習している。

　目には見えない空気が空間を占め、重さ（質量）があるということは、子どもたちの物質概念をかなり大きく広げることになる。そのため、気体は容器に押し込めることができ、その容器の重さ（質量）の変化から気体にも重さ（質量）があることを学習することが可能になるのである。上記の授業は、ボンベに気体を押し込めて重さ（質量）を測定できることを考えさせる前に、まず気体を容器に押し込めることができるということを考えさせる授業として非常に重要なものである。

　ここでは「分子概念」を子どもたちに知らせているが、全員の子どもの到達目標ではなく、このような概念を使って理解できる子どもたちのため

に補足した内容であった。しかし、このクラスの子どもたちは忠実に既習事項である「分子概念」を使って、次の授業に生かそうとしている。「分子モデル」をどのように子どもたちに伝えるかということを、慎重に検討する必要があるが、小学生の一つの可能性としては興味深い実践である。

第2節　科学的概念としての言葉

1．「とける」と「溶解」

　日常生活で使用している生活用語と、自然科学で使う科学用語には、その使い方や意味に違いがある場合がある。子どもたちが正確に科学的概念を理解するには、生活用語から科学用語への言葉の変容を促さなくていけない。

　例えば、「とける」は生活用語である。水に何か物質を混ぜた場合に、「水にとかした」「水にとけた」と使う。しかし、実際にそれが科学的に「溶けた」状態かどうかはきちんと吟味されていないし、そのことが重要となる場面にも出会わない。そのため、日常生活では「溶けていない」のに「とけた」と使う場合がある。例えば、礫や砂が水に混ざったときの「泥水」は、生活用語では「とけた」と使うであろう。しかし、これをしばらく置いておくと、礫や砂は容器の底にたまり、容器の上の部分は透明な水になる。「泥水」には、礫や砂は「溶けて」はいない。このように水に物質を入れて、「溶けていない」のに混ぜただけで「とけた」と使う場合がある。すなわち「とける」は、科学用語としては未分化な状態なのである。

2．「溶ける」とは

　小学校や中学校の「溶解」の学習の初期の段階では、生活用語としての「とける」と、科学用語の「溶ける」とを、意識的に使い分けていく指導が

必要である。

　下記は小学校6年生の「溶解」の授業で、ある児童が書いたノートの記録である。

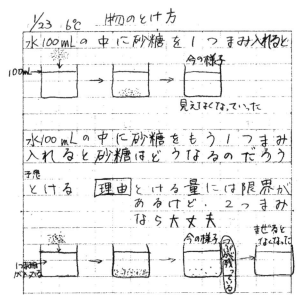

　このノートは「溶解」の単元の初めの授業の記録である。この児童は水100mlの中に砂糖を一つまみ入れると、「見えなくなっていった」と書いた。さらにもう一つまみ入れると、「とける」「まぜるとなくなった」と書いている。ここで授業者からクラス全体に、「見えなくなる」「きえる」と言っているが、それは「なくなる」と同じことを意味しているのかどうかという問いかけがあった。

　そこで、ある児童が以下のように発言した。

・「きえる」とは、あったものが消えてなくなることである。
・「見えなくなる」とは、あったものが何かに隠れて見えなくなることである。

　この意見は、多くの児童の賛同と了解を得て、この学習集団で共有した考えとして定着した。さらにこの後、「溶解」を以下のように決めて使うように教師は指導した。

・水に溶けて物質は見えなくなる。
・水に溶けた溶液は透明になる（水溶液は濁らない）。
・全て溶けたら、沈殿がない。

この後、同じ児童のノートの記録は次のようになった。

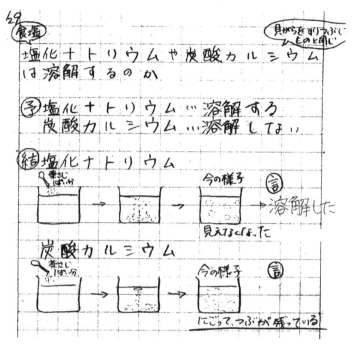

　子どもたちは、単元の初期には「とける」を「物質が消える」「なくなる」「見えなくなる」という表現で使用している。しかし、「溶解」についての学習指導の後には、「見えなくなる」「見えなくなった」という表現に変化している。指導者自身がこのような生活概念としての生活用語と科学的概念としての科学用語の使い分けをしていないと、学習者も当然あいまいな「とける」しか理解できないであろう。

3.「もえる」と「燃焼」

「とける」は生活用語であり、科学的な概念形成を目的とする理科の授

業では使用しないほうがよい。「もえる」も同様である。「物質の温度が上がり、炎や煙が出る」ことを生活用語の「もえる」と使っている。しかし、これが化学変化としての「燃える」「燃焼」かどうかは、日常生活の中ではきちんと吟味されてきていない。学習前の子どもたちの、「燃焼」についての概念は未分化である。

筆者の大学の理科教育法の模擬授業で次のような［化学課題］を出した。フラスコの中を酸素でいっぱいにし、中に炭の一片を入れる。フラスコの口をゴム風船で塞ぐ。フラスコの底にある炭をフラスコの外からガスバーナーで加熱する。このとき、炭は「燃焼するか」と聞いた場面である。

多くの学生は、事前に知識があるので、炭は酸素と結び付いて二酸化炭素になると予測する。そして灰が残るとも。しかし、これを「燃焼」かどうかと聞くと、「火が出ない」「煙が出ない」「炎が上がらない」などの理由から「燃焼は起こらない」「燃焼か分からない」と答える者が出てくる。「燃焼」が化学変化であり、化学変化は物質が他の物質に変わり、原子の組み換えは起こるが全体の質量は変化しないことであることを、自信を持って自分の言葉で言い切る学生は少ない。日常生活の「もえる」が、頑固に誤概念として残り、「燃える」「燃焼」という科学的概念に変容していない証拠である。

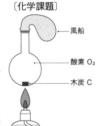

〔化学課題〕

丸底フラスコに酸素と木炭入れ、風船で栓をする。そのフラスコの底をガスバーナーで熱するとどうなる？

〈予想〉	人数
ア．燃える	34
イ．燃えない	31
（風船が膨らむ）	
（木炭が小さくなる）	
（木炭の色　黒→灰色）	
ウ．迷っている	1
（火が出ないから、燃えているか分からない）	

4．「燃える」ことをより広く理解する

中学校では原子や分子のミクロな世界の学習に伴い、「燃焼」についてもその概念を拡張させていきたい。以下は、筆者が中学生に行った授業での生徒のノートである。

> 化学課題
>
>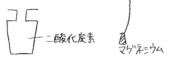
> 二酸化炭素をいっぱい入れた集気びんの中でマグネシウムは燃焼するのか？
>
> 予想
> 燃焼しない。
> 根拠
> マグネシウムを燃焼させると二酸化炭素ができるとこの間の実験で分かったが、やはり物を燃焼させるには酸素と結び付かないとできないと思う。だから物を燃焼させるには酸素が必要であり、二酸化炭素では無理だと思う。
>
> 討論から
> 私はアの燃焼しない意見でしたが、他の人の意見を聞いてイの燃焼する意見に変えました。確かに赤い炎に比べて白い炎のちが高い温度だ"と思うし、それにイって二酸化炭素が分解されて、その酸素によって燃焼すると思う。化学記号からも二酸化炭素は酸素と炭素に分けられると分かった。具体的な温度は分からない。
>
> 実験結果
> マグネシウムに火をつけて二酸化炭素の入った集気びんに入れると白い光を発して、激しくバチバチとなって、だんだん消えた。マグネシウムを出してみると黒くなった。
> 分かったこと
> マグネシウムは二酸化炭素の中でも燃焼する。黒い炭素と白い酸化マグネシウムが出てくる。空気中と二酸化炭素中での燃焼のしかたが違った。空気中では白い光を発して燃焼するだけだったが、二酸化炭素の中ではバチバチといって空気中より激しく燃焼した。

　マクロな現象の「燃焼」だと、酸素がないので「燃焼しない」と生徒は答えるであろう。しかし、この〔化学課題〕で、二酸化炭素にも酸素原子があり、マグネシウムがこの酸素と結び付いて「燃焼」するかどうかを生徒に考えさせたいのである。

　このように、物質学習において中学校では、小学校でのマクロな現象を通した理解を土台に、ミクロな世界へ生徒を導きたいのである。

5．理科の授業で生活概念から科学的概念へ

　生活用語から科学用語を使うように子どもたちを導いていくことは、生活概念から科学的概念へ子どもたちの認識を変えていくことでもある。授業では、内容の系統性と子どもたちの分かり方の順序性を配慮した主発問（課題）がなされ、子どもたちの主体的な討論を通し、実験により子ども

たち自身がその妥当性を確かめていくことである。1時間の授業において、教師はこのような子どもたちの認識の変容を、具体的な活動を通して洞察していかなくてはいけない。また同時に、安心して討論のできる科学的な学習集団を育てていくことも必要である。子どもたちの自由な発想や論理的な思考を、クラス全体の場に引き出し協議し、共有していくことが、これからの理科の教師には求められている。

おわりに

　小学校と中学校の物質学習は、マクロな現象をミクロな世界と関連づけながら、実験や観察の事実を通して学習していくことが重要である。そのためには、そもそも物質とは何かにつながる「物質は空間を占め、重さ（質量）を持つ」ことを常に意識していくような指導が求められる。これは、「物質には固有の密度がある」という、物質を識別するのに非常に重要な捉え方と直接的につながっている。

　この章では、小学校と中学校での物質学習について述べた。このように理科の教師の仕事は、授業実践に即して子どもの科学的認識の順次性を、学習内容の系統性と子どもの分かり方の順序性から明らかにしていくことである。そこにこそ、理科教師の専門性があると言える。

参考文献

秋田喜代美『学びの心理学——授業をデザインする』左右社、2012年

高橋洋編著『基礎的な内容を楽しく学ぶ理科4年の授業』星の環会、2002年

田中実『理科教育における系統性』国土社、1956年

玉田泰太郎『気体はものである』日本書籍、1985年

溝上慎一『アクティブラーニングと教授学習パラダイムの転換』東信堂、
　　2014年

第5章

力・運動・エネルギーと理科学習

はじめに

　エジプトのピラミッドや各国の城壁などの古い建造物を見ると、どのようにしてこれほど大きいものをこんなに高いところまで積み上げることができたのだろうか、と感心する。また、人々の移動手段の歴史を考えてみると、歩く、馬車、車から、船で海を渡り、飛行機で空を飛び、いまや宇宙空間にまで出かけることができるまでになった。人類の文化の進歩の中には、重力への挑戦があったことが想像できるだろう。摩擦を減らして楽に運ぶための車や、滑車を生かしたエレベーターや工事現場のクレーン、船や飛行機など、多くの道具が重力への挑戦による発明である。

　我々の生活を便利にしてきた歴史は、自然界の力やエネルギーのしくみを理解し、利用して物を作ってきた技術の進歩でもある。しかし現在、人類は地球温暖化やエネルギー問題に直面している。力や運動、エネルギーのしくみを理解することは、科学技術の進歩の歴史を知り、未来の生き方を考えることにもつながっている。

第1節　力とは何か

1．力はなぜ難しいか

「力比べ」「力持ち」「力を出す」など、力は日常用語でも多く使われる。私たちは、どのようにして力を直接測っているだろうか。力持ちといえば、重量挙げや体力測定が思い浮かぶ。握力や背筋力などを測定するとき、握力40kgとか背筋力60kgなど、kgの単位で示される。スポーツジムなどの負荷にも、kgの単位が使われる。これは、物体を持ち上げるおもりの質量を示している。ちょうど質量60kgの物体を持ち上げる力は、地球がその物体を下に引っ張っている力（重力）と等しい力であり、60kg重（英語ではkgw）という単位で示すことができる。体重計でも自動上皿ばかりでも、下向きの重力を測定することによって質量を調べているのである。

1998年度より、中学校では力を表す単位はN（ニュートン）で統一されることになり、力を表すg重、kg重という単位は扱われなくなった。

『学習指導要領解説』には、「力の大きさについては、単位としてニュートン（記号N）を用いる。1Nの力とは、質量が約100gの物体に働く重力と同じ大きさであることを知らせる」[文部科学省、2008]と示されている。

力を矢印で表すことは、力には大きさと向きがある、つまりベクトル量であることを理解していれば分かりやすい。矢印にするからこそ、力を分けたり、力を合わせたりする現象について、単なる足し算ではできない合力や分力を調べることができる。しかし、力の矢印を書く際には、目に見えない力の大きさと向き、力が加わっている点（作用点）を見つけ出して表さなければならない。矢印を書く作業の前に、何が何に力を加えているのか、力の大きさとは何か、力の向きとはどういうことか、そもそも力とは何かといった力の概念を身につけることが必要であろう。人が10kgの荷物を持っているとき、人が荷物に加える力は、上向きに10kg重（約100N）である。このとき荷物には、地球からの下向きに10kg重の力も加わってい

図1　手をぴったり付けて持つ　　図2　少し離れて持つ

る。これを2人で持つときを考えよう。図1のように、手をぴったり付けて2人で持てば、合計10kgを2で割って一人5kg重の力となるが、図2のように少し離れて持つと、力の向きは上向きだけでなく斜め上に向かう。斜め上方向の力を上下と左右に分解して考えると、2人で左右に引っ張り合うことになるので、左右の力の分だけ増えてしまうのである。

2. 質量と重さ

　2008年より、小学校3年生で、体積との違いを捉えて質量（重さ）を理解する内容が加えられた。ものを付け加えたり取り除いたりしない限り、向きを変えたり形を変えたり、ばらばらにしたりしても、そのものの重さは変わらないと学ぶ。小学校では、質量という用語は使わないため、本来は「そのものの質量は変わらない」という意味を「そのものの重さ」という表現で表していることになる。

　地球上で生活している限りでは、体重60kgの人の質量は60kgであるし、その人を地球が引っ張る重力も60kg重であるので、重さと質量を混同していても特に困ることはない。日常生活でも、重力と質量の両方を「重さ」と表現していることが多い。しかし、科学的に厳密に考えたり計算したりするためには、質量と重力を明確に区別しなければならない。中学校では、「重さについては、小学校の学習を踏まえながら、力の一種であることを理解させ、重さと質量の違いにも触れる。例えば、質量は場所によって変

わらない量で、てんびんで測定することができる量であり、重さは物体に働く重力の大きさで、ばねばかりなどで測定することができる量であるとする。……また、今後の理科の学習で、重さと質量を区別して使っていくことにも触れる」[文部科学省、2008] とされており、質量や重さとは何かということについては、明確に示されていない。

中学の教科書には、月と地球上で、ばねばかりと天秤で体重や物の質量を量るイラストがあり、ばねばかりで測ると60kgの人が月では10kgになる、という例で示される。しかし、このことを理解するためには、フックの法則やばねばかりとてんびんのしくみを理解していることが必要である。

フックの法則は、ばねが伸びる長さとばねが出す力は比例する、という法則である。ばねばかりは、これを利用して物体をぶら下げ、その物体に働く重力の大きさによって物体の質量を求める器具である。

重さと質量といった科学の用語について、質量はてんびん、重さはばねばかりと覚えるよりも、日常生活との違いを踏まえて理解することが重要なことであろう。また、月面では体重が6分の1になるという知識も、月面を宇宙飛行士が歩く動画などを見ることによって実感することができる。

3. 力と運動量

中学校で「等速直線運動をしている物体には力がはたらいていない」ことを学ぶが、これは、摩擦がないと想定したときにおける法則である。しかし現実には、運動と反対向きに摩擦力が働いていることが多く、摩擦力と同じだけの力を与え続けることで等速にすることができることが多い。

「運動しているときには、その方向に力が加わっている」——言い換えると「力を加え続けない限り、物体はやがて止まる」という根強い素朴概念は、おもちゃを動かしたり自転車をこいで滑走させたりといった多くの経験の中で形作られている。こうした日常の経験の中で形作られた概念は、簡単に科学的な概念に変えることは難しいだろう。

現実の世界の現象に即して考えるとき、衝撃を示す量として運動量(mv)

を紹介していくことが必要かもしれない。運動しているときの物体の質量（m）と速度（v）の積が運動量である。物体の質量が大きいほど、また物体の速度が大きいほど、その物体の運動は激しいと言える。石が隣の家の窓に当たったときを考えると、質量（m）が大きいほど、また石の速度（v）が大きいほど、窓ガラスを壊しやすい。

第2節　力と道具

1. 力を実感する遊び体験と生活科

　幼少期の遊びの中には、力学やエネルギーなどの科学的概念の基礎を体験的に学べる活動がいくつか見られる。例えば、パチンコや割りばし鉄砲などは、ゴムの弾性を利用しているし、起き上がりこぼしや、モービル、ブランコ、シーソーなどは、重力を利用した遊びである。こうした遊びの中に、科学的な決まりを理解するための基礎的な体験が含まれている。

　低学年に理科があったときは、1年生で風車を作って遊び、3年生で風車の回り方と持ち上げる重さを調べていた。また、2年生でやじろべえを作って遊び、4年生で天秤を作成して、天秤のしくみを検討しつつ物の重さ（質量）を測り、その後、てこの原理、というように学習の積み重ねで構成されていた[文部省、1978]。低学年理科には、砂車などの実験で結果がまちまちになるなど課題はあったものの、どの子も科学遊びを経験する場としての意味があった。磁石で鉄探しをしたり、空気をビニール袋に集めてみたり、光で遊んだり音で遊んだりする活動は、学年が進んでから法則を学ぶための原体験となっていた。しかし、生活科新設によって、こうした積み重ね（スパイラル構造のカリキュラム）ができなくなった。本来、子どもの体験不足に応じていたはずの生活科新設は、物理分野に関しては原体験としての科学遊びの機会を減少させることになってしまったのである。

　こうした状況を受けて、2008年学習指導要領において、生活科に「科学

的な見方・考え方の基礎を養う観点から、自然の不思議さや面白さを実感する学習活動を取り入れ」[文部科学省、2008]られ、ゴムや風を使ったおもちゃを作って遊ぶ活動が多く行われるようになった。同時に3年生理科にも、ゴムの働き、風の働き、という単元が加えられた。

　生活科においては、工夫しておもちゃを作ったり遊び方を工夫したりすることに重点が置かれる。例えば、ゴムで動くおもちゃとゴムの働きを比べると、生活科では、より高く、より遠く、より強く、など思いを実現するために、ゴムの弾性を生かしてもう一つ作ったり改良したりすることが活動の中心となる。ゴムの性質そのものを議論することではなく、ゴムの力を体感することが、低学年の発達に適していると言えるだろう。一方、3年生理科では、体育館などで車を動かし、ゴムをたくさん伸ばした場合と少しだけ伸ばした場合の、車が止まるまでの距離の違いを調べる。

2. 手応えから力に

　生活科や小学校中学年では、1人1つずつおもちゃや車を作って動かす中で、風やゴムの力を体感する。こうした遊びなど体験で気づくことは多様で、一つの法則に焦点化するのは難しい。この時期に大切なのは、概念を効率よく身につけることよりも、ゴムの弾性や圧し縮められた空気が元に戻ろうとする力を体感することと考えられる。こうした遊びの中での喜びやわくわくする思いが、その後の科学への興味の素地となる。

　小学校では、力の大きさを体感する際に、手応えという言葉が使われる。空気を閉じ込めてピストンなどを圧し、圧し戻される力を手応えで調べ、手応えが大きいとき、圧し返す力も大きいとしている。また、てこの実験でも、まず初めに手応えで力を調べ、手応えによって力の大きさを実感することが必要である。この力の大きさが、ばねばかりの目盛りやおもりの重さで示されることが分かって初めて、てこの原理が理解できる。

3. てこの原理と釣り合いの決まり

　公園の遊具から、シーソーが徐々に姿を消し、釘抜きのある家庭も少なくなり、てこの原理を応用した道具も身近に見られなくなっている。しかし、小さな力で大きな仕事ができる道具のしくみとして、てこの原理はさまざまなところで使われている。最近では、介護用の蛇口キャップなどが見られるようになってきた。栓抜きやペーパーカッター、植木ばさみなどさまざまな道具で実際に手応えを調べ、机上だけでなく、体感して理解することが必要である。たくさんの道具を手にして、実際に触ってみるだけでなく、その様子を見取り図で書いたり、てこの決まりが分かるような断面図で書いたりする活動によって、力の作用点や力の向きなどの力の矢印の学習の素地を作ることもできる。

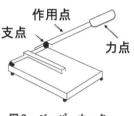

図3　ペーパーカッター

第3節　運動とエネルギー

1. 台車の動きと摩擦力

　台車を使った学習は、小学校3年生の風のはたらき、ゴムのはたらき、4年生の電池の直列つなぎと並列つなぎ、中学2年生の等速直線運動と斜面を転がる運動など、さまざまなところで行われる。
　中学校では、重い力学台車を使い、摩擦はほとんどないものとして実験する。しかし、小学校で体育館などで車を動かす実験では、ちょうどよく車が止まるための適度な摩擦が重要である。摩擦が少ないと、車はどこまでも走っていってしまい、調べることができないからである。
　3年生では、2つの車を並べて比べたほうが、見た目で違いを理解しやすい。しかし、その2つの車の重さ（や性能）があまりに違うと、条件が

違っていて比べられないこともある。また、乾電池２個の直列を乾電池１個と比べるときに、単１電池を２つ乗せると動かなくなることがある。１つ乗せる場合に比べ、２つ乗せると台車全体の質量が大きくなり、摩擦力の大きさも違うからである。また、台車の構造によっては、タイヤが回るときの摩擦の違いも距離に影響してしまう。

2. 平均の速さと瞬間の速さ

　小学校では、速さを６年生の算数で学ぶ。算数では、速さを単位時間当たりに進んだ距離と定義しているが、距離÷時間という割り算で求められるとしており、これは平均の速さである。中学校では、斜面を使って、力が加わっていると物体の速さが変わると学び、このときは瞬間の速さで考える。

　自動車などのスピードメーターや野球のピッチャーの球速などは、瞬間の速さである。市販のスピードメーターなどを用いたり、ICTを活用したりするなどして現実の世界とつなぐことによっても、速さのイメージを持つことができ、理解を深めることができる（コラム４〈p.72〉参照）。グラフや式で表したり、練習問題などを解くことを急がずに、速さの概念をしっかりと身につけることが必要であろう。

3. エネルギーの交換が見えるふりこの運動

　小学校５年生では、振り子の周期が糸の長さによってのみ決まること（振り子の等時性）を学ぶ。また、変える条件を１つ決めたら、他の条件は同じにする、といった条件制御の考え方も５年生で新たに学ぶ大事な科学の方法である。ストップウォッチを用いて、10往復する時間を３回

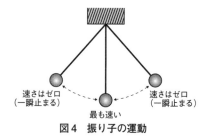

図４　振り子の運動

測り、それぞれ1/10して1往復する時間を出し、その3つのデータを平均する、という方法をとることが多い。しかし、データを取るよりも先にさせたいのは、ふりこの運動を丁寧に観察することである。いちばん高い位置でおもりが一瞬止まり、最も下を通るときがスピードが最も速いことから、位置エネルギーと運動エネルギーの変換を実感することができる。

　今の小学生は、ふりこを見た経験が少ない。催眠術、メトロノーム、振り子時計などの例を出しても、見たことがない児童もいる。その状態で、「ふりこが1往復する時間は、何によって決まるだろうか」と問いかけても、問いを持つことは難しい。そこで導入時に、簡単なしくみのふりこを用意して、リズムの違ういくつかの音楽をかけて、その音楽に合わせて揺らしてみよう、という活動を行うことがある。活動を行ったあとに、「何を変えた？」と問いかければ、「強く振った」や「粘土をつけて重くしてみた」など、自らの体験を基に考えることができる。また音楽に合わせる活動は、一往復の時間という見慣れない量を、リズムという身近なイメージで考えることができる。

第4節　エネルギーの今とこれから

1. 電気と自然エネルギー

　2011年の福島第一原子力発電所の事故以来、エネルギー政策は転換を迫られている。しかし、人々の生活を見ると、多くの仕事がコンピュータや電子制御となるなど、日常生活の多くを電気に依存している。携帯電話などを常に充電している人々の姿からは、電気がないと生きていけないと訴えているようにさえ見える。エネルギー源と消費は、市民一人ひとりが意識すべき課題である。水力発電も風力発電も、太陽の放射エネルギーに負っている。水力発電は、水が高いところから低いところに流れる位置エネルギーを利用したものである。しかし、低いところの水が高いところに

また移動するためには、太陽の熱がなくてはならない。風も、太陽の熱で温められた空気の流れである。つまり、私たちは太陽によって生かされているのである。

2. エネルギー観を育む事例──「無人島で発電しよう」から

小学校6年生「無人島で発電しよう」[石井、2001]は、無人島に流れ着いたことにして、島の自然のものを使って発電しようという実践である。「もしも大地震など何かの原因で、東京の便利な生活が壊滅し、無人島で生きていくことになったら」という想定で、小さなモーターと豆電球を1人1つずつ渡し、身近な自然を使ってモーターを回し、豆電球に明かりがつけば成功である。明かりをつけることに成功したら、発電会社となってポスターを作りプレゼンテーションを行う。

初めは、「自然から電気をつくるなんて」と戸惑っていた子どもたちも、送風機でモーターを回し、明かりがつく様子を見て、「回せばいいんだな」と見通しが持て、さまざまな方法を考え出した。校庭のホースリールにモーターを押し付けた人力発電所、糸をつけてビューンと投げることでモーターを回す石ころ発電所、自作プロペラ水力発電所、坂道を走る車に付けた山車発電所、ぶんぶんゴマ発電所など、ユニークな発電所が出来上がった。モーターを回すという一つの目標に向かって、子どもたちは、理科室や校庭などさまざまな環境や身近な道具を見直し、観察し、科学の目で現象を見つめながら、試行錯誤を繰り返していった。

本実践が行われたのは1999年であるが、福島の事故や停電などの経験を経た今では、さらに現実味のある実践ができるだろう。

3. エネルギー観を育む古代人の知恵──「ピラミッドから学ぶ」から

中学3年の授業「古代人に挑戦！」[永廣、2010]の実践では、より小さな力で重いレンガを持ち上げる探究活動を通して、エネルギー観を育むこと

が目指された。生徒たちには、ピラミッドの1000分の1の大きさとして、2.5kgのレンガを高さ75cmの机の上まで運ぶ課題が出された。班ごとに、斜面や滑車を使い、ばねばかりで力を測りながら、より小さな力を求めて実験が進められた。斜面を引っ張る力の大きさと角度を調べたり、定滑車と動滑車を組み合わせて力を測ったり、10班に分かれた彼らの追究は、同じ目的に向かって多様であった。ノートには、必然的に実験の図や結果がどんどん書き込まれ、これまでに学んだ力の向きと大きさの示し方、斜面に置かれた物体の力を分ける作図など、身につけた技能や科学的な手法を駆使した探究活動が展開された。

4. これからのエネルギー

小さな町の食堂の扉に、位置エネルギーを利用した自動ドアを見かけることがある（図5）。引き戸の上の端に、滑車を取り付け、扉を開けるときに糸につないだペットボトルのおもりが上に引っ張られる。扉を開けるときは人の手で開け、閉めるときは自動的にペットボトルのおもりの位置エネルギーによって、扉が自動的に閉まるというしくみである。

図5 位置エネルギーを利用した自動ドア

人の知恵は、消費だけでなく、エネルギーの法則や道具のしくみを生かす営みである。大量消費による経済成長という価値観は、持続可能な社会の発展とは言えない。これから循環型社会に転換していくためには、市民一人ひとりが科学的に工夫して生きることが求められる。学校の授業においても、自分たちの生き方に関わる探究の学習が多く行われるようになった。白熱灯の明かりが熱も出していることを調べる学習や、豆電球とLEDの消費電力を比較する学習も加えられた。理科という教科を通して、先人たちが発見した科学の法則を実験で追体験し、自分たちでも実感しながら理解したうえで、日常に生かせる学力をつけていきたい。

おわりに

　2011年3月の福島第一原子力発電所事故、2015年10月に起きた横浜マンションの杭データ改ざんなど、専門家を信じた市民が安全な生活を脅かされる事件が相次いでいる。これからの時代に、専門職の細分化や、道具や構造のブラックボックス化は、ますます拍車がかかって進むであろう。

　これからの社会を生きていくうえで全ての市民が身につけるべきものは、科学の成果や製品だけを科学者の言うままに受け取るのではなく、科学の意味を知り、科学が社会にもたらす影響を考え、物事を科学的に考える力と姿勢である。科学の法則やもののしくみを理解するといった科学の知識（knowledge of science）と同時に、科学的にデータを解釈すること、実験手順を考えたり吟味したりすることなど、科学についての知識（knowledge about science）を身につける学習が求められる。

参考文献

石井恭子「課題解決型環境学習の取り組み"無人島で電気をつくろう"の実践から」『お茶の水女子大学附属小学校研究紀要』第10集、2001年、pp.1-19

永廣裕子「自らが課題を設定し、協働で解き明かす科学的探究の実践（第3学年）」『探究するコミュニティ：福井大学教育地域科学部附属中学校研究紀要』第38号、2010年、pp.99-106

前野昌弘『よくわかる初等力学』東京図書、2013年

文部科学省『中学校学習指導要領解説 理科編』大日本図書、2008年

文部省『小学校指導書理科編』大日本図書、1978年

第6章

電磁気の視点から考える物理学習

はじめに

　電力の安定供給や原子力発電の是非が議論される今、「なぜ小・中学校の理科教育で電気を学ばなければならないのか」と、わざわざ質問する読者は少ないだろう。しかし、この質問の中にある「電気」を「電磁気」で置き換えると、「磁」の一文字が入っただけだが質問の意味合いが変わってくる。ある人は、電気や磁気を縮めて電磁気としたぐらいに解釈して、とりあえず片づけておくことにするだろう。物理学に関心のある人は、「電磁気」という言葉を物理学の用語として解釈し、理科教育でその点についてどこまで教えるのかが問われているのかなと考えるかもしれない。

　義務教育段階における電気と磁気の学習は、「電磁気」という科学用語をそれなりに理解することである。電場や磁場といった場の概念と、それらの間に成立する物理理論を用いて現象を理解するのは、小・中学生にはまだ難しい。電気や磁気は、物体（それを構成する物質）の性質やふるまいを説明するために必要な概念として理科教育に登場する。目に見えない力

を物体の変形や運動の変化によって理解していくように、まずは物体の性質やふるまいを使って目に見えない電気や磁気を理解していくのである。その後、電流と磁気の関係へと進み、「電磁気」という科学用語に迫っていくことになる。

　本章では、具体的な指導案を個別に提示するのではなく、7年間の小・中学校理科の教育課程を念頭において、電磁気の教育内容からいくつかのトピックを取り上げる。そして、それらトピックを教える際の注意点を述べながら、理科教育の内容が互いに関連していることを論じる。

第1節　磁気について何をどう学ぶのか

　小学校で磁石を使った学習が始まる。小学校学習指導要領（2008年3月）では、「A.物質とエネルギー」の第3学年に「(4) 磁石の性質」がある。この節では、「(4) 磁石の性質」にある学習項目を指導する際に注意すべき点は何かについて、中学校理科との関連も考慮しながら述べる。

1. 磁石のN極とS極

　電気にはプラスとマイナスの2種類があるように、磁気にもN極とS極の2種類があると考える読者がいるかもしれない。今のところ、磁気単極子（N極もしくはS極だけという性質を持った素粒子）は見つかっていない。

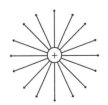
原子を作っている陽子は、プラスの電気を持っている

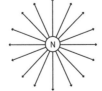
N極だけ、S極だけの性質を持っている素粒子は見つかっていない

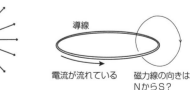
導線／電流が流れている／磁力線の向きはNからS？

図1　電荷・磁気単極子・磁界の向き

N極とS極は、磁力線の向きを示すための指標である。「磁石にはNとSがあります」「磁力にはNとSがある」といった曖昧な表現は、小学生に磁気単極子のイメージをつくってしまう可能性がある。磁力線を学ぶ前の段階なら、「磁石の働きには向きがあります」という説明のほうがまだ適切であろう（図1）。

　小・中学校理科のどこかの段階で、磁石を切断しても磁石であることを教えておきたい。棒磁石には、半分が着色されているもの（例えば、N極側が赤色）がある。N極側の赤色の部分をその中央あたりで切断すると、単磁極のイメージを持っている子どもは、切断面はどちらもN極になると思うだろう。磁石とは、切っても切っても磁石となる（切断して作られた多数の磁石は、全て一端がN極で、他端がS極となる）物質から成る物体である。そしてN極とS極は、磁石の外部の磁力線の向きを表す指標である。

　磁石の同極どうしは反発し、異極どうしは引き合う。方位磁針の働きと地磁気について学ぶときに必要な教育内容である。地球の北極（厳密には地理的な北極点と地磁気の極はずれているが）は、North poleだからN極だと勘違いしている高校生はいる。英語を学んだ結果であり、必ずしも悪い発想ではないが、中学校で地磁気を教えるときに一言触れておけば防げる間違いであろう。

　小学校で棒磁石をぶらさげたときに、南北を向くだけではなく、磁石のN極側の端が下に傾くことを指摘する小学生がいるかもしれない。巨大な磁石が地球内部にあるとみなしたとき、そのS極が、地表面ではなく地下深くにあるために起こる（図2）。小学校の授業で説明することは難しいかもしれないが、気づいたことを褒めてやりたい。「中学校理科で地球の内部構造を学べば分かるよ」と伝えておくのもよいだろう。

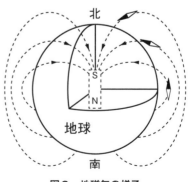

図2　地磁気の様子

2. 磁石も鉄に引き付けられる

　小学校理科では、磁石に引き付けられる物と引き付けられない物があることを探究しながら、物を分類することを経験する。磁力を利用した分類方法である。従来、この学習は、物質の分類を学ぶ授業としては中途半端に終わっていた。なぜなら、「磁石に引き付けられない」と分類された物が持つ共通の性質（これが物質を意味する）は何かが明らかにされないままだったからである（物質の名称も登場しなかった）。現在は、磁石に引き付けられる物質は鉄である、とひとまず教えることになっており、改善はされている。

　小学校の第3学年で、磁化について学ぶ。磁石に引き付けられる物自体は、磁石に引き付けられる以前には磁石ではない。しかし、磁石にくっついたクリップが磁気を帯びていることに気づく子どもはいる（磁石にくっつく以前に弱く磁化しているクリップもあるが、そのときはさらに強く磁化されることに気づかせたい）。小学校の第3学年で、磁化について、力の弱い磁石になったことを確認しておかなければならない。このあと、中学校や高校で磁化についてさらに深く学ぶ機会はない。

　磁石に引き付けられるか否かを教える意義は何だろうか。磁石は、離れた物にも力を加えることができる。磁力が遠隔力であることは、磁石を使って遊べばすぐに分かることである。将来、重力が遠隔力であることを学ぶときに、磁力との類推を行えばそれほど困難はないだろう。このとき子どもに気づかせたいのは、磁石が鉄を引き付けるだけではなく、鉄も磁石を引き付ける（磁力は作用・反作用の法則が成立する相互作用である）ことである。クリップのような軽い物が磁石に引き付けられたり、鉄の柱のような重く固定された物に磁石がくっついたりするところを観察する。このとき、手に持った磁石をクリップに近づけるだけでなく、手に持ったクリップを、軽い強力な磁石に近づけたときも確認しておきたい。

　磁力は、作用・反作用の法則を確認する手段として利用されてきた。ニュートンは、鉄を入れた容器と磁石を入れた容器を接触させて（鉄と磁

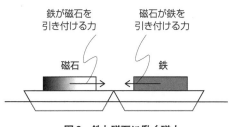
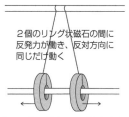

図3 鉄と磁石に働く磁力　　**図4 磁石どうしに働く磁力**

石は接触していない）水に浮かべ、どのように動くかを観察したと言われている（図3）。容器が左右どちらの方向にも動かないことから、磁石が鉄を引き付ける力と、鉄が磁石を引き付ける力の大きさは同じであり、鉄と磁石に働いている力に作用・反作用の法則が成立していることが分かる。磁石どうしに働く磁力にも、作用・反作用の法則は成立している。図4のように、リング状の磁石を利用してそれを確認することができる。2つの磁石には反対方向に同じ大きさの力が働くので、それぞれ同じ距離だけ反対方向に動く。

　中学校理科では、力の作用・反作用の法則について学ぶ。黒板を押すと押し返されるといった例を使って説明されることがある。これは丁寧に説明しないと、作用があったから反作用が生じるという因果関係や、作用の後に反作用が起きる時間差があるといった誤解につながる。黒板を押す力と黒板が押し返す力は同時に働いており、押した後にしばらくしてから押し返しが始まるのでもない。常に同じ大きさで向きが逆である。作用点はそれぞれ黒板と手であり、一つの物体の同じ作用点に2つの力が働いている釣り合いの関係にはない。こうしたことを理解していくうえで、小学校で磁石を使って得た経験がたいせつな役割を果たすだろう。

第2節　電気と磁気の関係

　小学校から中学校にかけて、電気と磁気の関係につい学習する。小学校学習指導要領（2008年3月）には、第5学年「電流の働き」で電磁石につい

ての学習が登場する。この節では、電磁石の学習で電気と磁気の関係を教える際の注意点を述べる。

1. 電磁石か、一本のまっすぐな導線か

　電磁石の学習は、学習指導要領の位置づけとして、小学6年から5年へと移されている。学ぶ学年が変わると、内容や授業展開も異なってくる。電磁石について学ぶ授業では、まずは電磁石を子どもに与えて体験させるところから始まることが多い。鉄心の有無でも迫力は違うので、最初に鉄心入りから経験させようという授業展開もある。ここで、電磁石ありきからでよいのかが問題になる。

　1本のまっすぐな導線に電流を流したときも、その周りで磁力が働くことを子どもに見せておくべきだという意見があってもおかしくはない。電流を流したときにクリップや釘を引き付ける磁力が発生するのは、導線がコイル状に巻かれた特別な形になっているからだと発想する子どもはいる。その子にすれば、まっすぐな1本の導線に電流が流れたときに生まれる磁力は驚きであろう。1本の導線で起きる現象を経験した後、コイル状にすると強い磁力が得られることを確認すべきだという意見である。電磁石ありきか、1本のまっすぐな導線の周りの磁力か。読者はどちらの授業展開を選ぶだろうか。

　電気と磁気の関係について探究する活動から始めようというのであれば、1本のまっすぐな導線から始めるのが自然であろう。コイル状に巻くのは1本のまっすぐな導線が作る磁界（磁場）の特性を生かした工夫の結果であり、その形状は自然に思い浮かぶというものではない。さらに、1本の導線をコイル状に巻いたとき、周りの磁界がどのように重ね合わされるのかも、ベクトル量の理解なしに納得するのは難しい。しかし、小学校の段階で、1本のまっすぐな導線に電流を流して砂鉄の中に入れると、導線の周りに砂鉄がまつわりつく様子は見せておきたい。小学生でも磁力が働いていることは理解できるし、導線の周りの磁界の様子について学ぶ中学校

の内容につながる。ただし、小学校の段階では、電流を流すと導線自体が磁石になると誤解する者がいるので、そうではないことを注意しておく必要はある。

　中学校では、鉄粉を使って棒磁石の周りの磁界を観察する。そのあとで、1本の導線の周りの磁界について学ぶ（方位磁針を置いて、導線の周囲を一周りさせると、針が1回転して元に戻る）。このとき、前節で述べた磁気単極子がない状況を目のあたりにしているのだから、1本の導線の周りの磁界には棒磁石の両端（N極、S極）のような場所がないのは当然であるかのような説明をしてはいけない。静電気で学んだ電気の正（＋）と負（－）は、分類（電気には2種類ある）の指標であり、かつ電界（電場）の向きを表す指標である。一方、N極とS極は磁気を分類するものではなく、磁界の向きを表すための指標である。

2. 実験で制御しているのは何か

　小学校の実験では、実験のスキル習得を追求するよりも、実験が「自然と自分を制御して、自然に問いかける意識的主体的な活動」[板倉・上廻、1965]であることを理解することの方がたいせつである。小学生は、自分がいったい何を制御しているのかが実験中に分からなくなることがある。小学校の電気の実験では、直列接続した乾電池の個数を変化させることが簡単であるため、自分で制御しているのは電圧で、現象を記述するために必要な物理量は電圧だと考えてしまう。この勘違いが、実験の分かりにくさを生む。

　電磁石の磁力の強さは、流れる電流の増減によって変化する。電磁石の実験では、同じ巻き数のコイルを使い、加える電圧を大きくして磁力の強さの変化を調べる。子どもが直接制御しているのは電圧なので、磁力の強さが増すのは電流の増加によることを強調しておかなければならない。このとき、電気抵抗率の異なる材質の導線を使って同じ巻き数のコイルを作り、それぞれに同じ大きさの電圧を加えて磁力の強さを比較すれば、電磁

石が作る磁力の強さは、流れている電流の大きさで決まるということを実感できる。しかし、電気抵抗やオームの法則は中学校で学ぶため、材質の異なる電磁石を使った実験の意味を、小学生が説明なしに納得するのは難しい。

　小学校では、コイルの巻き数を増やしたとき（コイルの全長は同じにして巻き数を2倍にするなど）の磁力の強さの変化も調べる。このとき、子どもたちは何を制御しているだろうか。コイルの巻き数を増やすには、より長い導線が必要になる。したがって、コイル全体の電気抵抗は大きくなり、同じ電圧を加えて実験を行うと、電磁石に流れる電流は減少する。巻き数は増えているのに磁力はいっこうに強くならない。電磁石に流れる電流を同じ大きさに制御しなければならないのだが、小学校の電気の実験で定電流源を使うのは難しい。そこで、長い導線を用意し、その全長の3分の1ほど使って巻いた電磁石の強さ、次に全長の3分の2まで使って巻いたとき、さらに巻いたときというぐあいに、全体の電気抵抗を変えない（加える電圧が一定であれば電流は同じ）で巻数を増やしていくといった工夫が必要になる。

おわりに

　この章では、電気と磁気の授業で注意すべき点をいくつか述べてきたが、全てを網羅してはいない。電流や電圧といった概念が理解しやすいようにと、さまざまな創意工夫がなされてきた。いずれも一長一短あるが、そうした議論は割愛した。一つの学年で電気と磁気の学習が完成することはなく、複数の学年にまたがって既習の内容を活用しながら学んでいくことになる。教師が、背景にある知識を理解し、教育内容の何が選択され何が捨てられたのか、全体がどのように小・中学校の教育課程に配置されているのかを理解したうえで授業づくりを進めていくことがたいせつである。これは電磁気の学習に限ったことではない。

　最後に、現在の小・中学校の理科教育課程では教えられていないが、そ

の背景として理解しておく必要があると思う話題を紹介しよう。

磁石は強磁性体と呼ばれる物質で作られている。高温では磁石ではなくなる（周りに磁界を作らない）のだが、ある温度（相転移温度）以下になると磁石（強い磁界を作る状態）となる。これを相転移現象という。小学校4年で学ぶ水の状態変化（水温を下げると、水蒸気が水になり、水が氷になる変化：注）、中学校理科で学ぶアルコールの状態変化（液体のアルコールが入った袋をお湯で加熱すると気体になる）も相転移現象である。リニアモーターカーには超電動体と呼ばれる物質が使われている。超電導体は、非常に低い相転移温度以下になると、直流の電気抵抗がゼロになる。

磁石を加熱すると、鉄を引き付けなくなる。磁石（強磁性体という物質）の巨視的な変化を観察するのは簡単だが、この現象を原子レベルで理解するのは難しい。相転移現象の何をどこまで教えるかは、これからの学校教育が解決すべき課題である。

〔注〕理科教育では、「状態変化」という言葉が2通りに使われている。固体が水に溶けて水溶液となる現象も、加熱された固体が液体となる現象も、どちらも状態変化と呼ばれることがある。塩（NaCl）を加熱すると、ドロドロに溶けて液体となるのは相転移現象である。しかし、塩が水に溶ける現象はそうではない。塩が水に溶けるとは、NaとClの原子がイオンとなって固体の塩の表面から離れ、水中（水の分子の間）へ出て行く現象である。このとき、水中にあるNaとClのイオンが固体の塩の表面に戻ってきて結合する現象も起きている。表面から出て行く原子の量が多い場合は、塩はどんどん溶けていき、表面で出入りする量が同じになると、塩はそれ以上水には溶けない。しかし、巨視的には変化はないが、微視的には、表面で原子の出入りが続いている。

参考文献

以下は、筆者の好みで選んだ文献リストにすぎない。図書館が使いこなせる教師になろう。

板倉聖宣・上廻昭『仮説実験授業入門』明治図書、1965年

板倉聖宣「授業書〈磁石と力〉とその解説」科学実験授業研究会編『科学教育研究』No.10、1973年、pp.154-172

板倉聖宣「教師のための〈電気学入門〉」科学実験授業研究会編『授業科学研究』No.5、1980年、pp.156-223

仮説実験授業研究会編『楽しい科学の授業シリーズ 授業書』の第5巻所収の授業書「電流と回路」「磁石」「電流と磁石」

ビター, フランシス（近角聡信・近角万亀子訳）『磁石の話――ある物理学者の生い立ち』河出書房新社、1970年

綱川秀夫『地磁気逆転X年』岩波ジュニア新書、2002年

ムーア, A.D.（高野文彦訳）『静電気の話――基礎的実験から応用まで』河出書房新社、1972年

Borges, A.T. & Gilbert, J.K. "Mental Models of Electricity" *International Journal of Science Education*, 21 (1), 1999, pp.95-117

McDermott, Lillian C. and Shaffer, Peter S. "Research as a guide for curriculum development: An example from introductory electricity. Part I: Investigation of student understanding" *American Journal of Physics*, 60, 1992, p.994

Moore, A. D. *Electrostatics : exploring, controlling, and using static electricity : including the Dirod manual.* Morgan Hill, CA : Laplacian Press, 1997

Shaffer, Peter S. and McDermott, Lillian C. "Research as a guide for curriculum development: An example from introductory electricity. Part II: Design of instructional strategies" *American Journal of Physics*, 60, 1992, p.1003

第3部

自然界の成り立ちと多様性を学ぶ

第7章

生物学習の本質と教材開発のポイント

はじめに──生物の生きざまに目を向ける生物教育を

　小学校低学年から理科がなくなって久しい。しかし、今でも生物の学習は低学年から行っている。問題は、そこで生物がどのように扱われているかだ。明治の頃から始まった低学年の生物教材として「あさがお」（片仮名を学ぶ前なので平仮名表記）がある。低学年理科がなくなった今も、「あさがお」の栽培学習は続いている。しかし、その栽培の成果は、教材業者のたゆみない努力そのものなのだ。花の土に肥料、追肥も用意されている。タネは発芽率ほぼ100％。水やりを忘れても水やり装置で問題なし。その結果、ほとんど子どもたちが世話をしなくても、大輪の花を咲かせるシステムだ。これでは、学習どころか「趣味の園芸」にすらなっていない。

　もっと問題なのは、直径30cm、高さ1m程度の支柱の中で育てられていることだ。私には、それが牢屋のように思えてならない。ヒマワリは、太い茎を作って自らの体を支えている。しかし、アサガオはつる植物である。つる植物は、自らの体を自ら支えるのではなく、他の物に支えてもらって

高く伸びていく植物だ。だから、何か絡む物を用意してやると、3階でも4階でも伸びていく。それが、アサガオの生きざまなのだ。やはり、生物を学ぶときには、それぞれの生物の生きざまをきちんと見据えた学習にしたいものだ。そして、生物にきちんと向き合った学習にしていきたいと思う。

図1 素手で触れると回答した高校生の割合

　図1は、大阪府高等学校生物教育研究会が行った調査をまとめたものだ。四半世紀前には、多くの高校生が素手で触れていた昆虫が、今では半分以上の子が触れなくなっているのだ。

　理科教育全般に言えることだが、特に生物にあっては、実物に触れた学習を大事にしたいと思う。生物は、個体差があり多様性があるので、少しでもたくさんの生の事実に触れ、経験させたいと思う。

　なお、今回は紙数の関係で動物学習を中心に述べる。

第1節　小学校から「進化」の観点を！

　生物学習において、進化の観点が重要なことは異論のないところだと思う。しかし、小学校の授業の中で進化が語られることはほとんど無い。確かに、小学校で進化をテーマにするのは難しいかとも思う。だが、進化の視点をしっかり持って授業を組み立てることは、強く意識したいものである。

　①物事を歴史的に見る、時間軸での因果関係を捉えることが重要な科学的認識方法であるから。
　②生物のつながりを意識することで視野が広がり、相互の関連性が分かるから。

　生物をバラバラに見ていると、下等動物・高等動物というように序列をつけてしまいがちになる。しかし、今日、地球の環境問題が大きく取りざ

たされている中、ヒトも地球生物の一つだと認識できることが大切だと思う。そう考えると、生物をバラバラに捉えるのではなく、つながりのあるものとして認識していくことが大切ではないだろうか？　そこに、「進化」の視点を授業に持ち込むことの重要性があるのではないだろうか。

　小学校では、多様な生物が、時間的な流れの中でなんらかの関連を持ちながら存在していることを、まず取り上げたい。そして「進化」の話を取り入れた授業を組み立てたいと思う。

1. 「ぼくのハ　わたしのハ」（小学校1年）

　小学1年生でも進化の話の前段階として、いろいろな動物が自分の暮らしに合わせて体を作り変えていることを話したい。

　この授業では、まず、ワニの歯とケモノ（毛が生えていて、おっぱいで赤ちゃんを育てる動物）の歯を比べてみる。ワニは、かみついて飲み込むだけだから、みんな同じ形の歯がいっぱいあるだけでいい。でも、ケモノは口でもぐもぐして食べるから、いろいろな役割を持つ歯を用意して（前歯・犬歯・奥歯）、食べやすいようにする必要がある。

　そう話した後、ライオンの頭骨とウシの頭骨を見せる。

　ライオンは、肉ばかり食べるので、すりつぶす平べったい歯はなくていい。引き裂くとがった歯がいるので、奥歯もみんな犬歯みたいにとがっている（臼歯の犬歯化）。

　ウシは、草を食べるので引き裂く犬歯などいらない。草を切り取る歯とすりつぶす歯がいる。だから、犬歯は前歯のようになって（犬歯の切歯化）、前歯の横にちょこんとあって、草の切り取りに役立っている（図2）。しかも、上顎の歯がなくなって、まな板のようになっているので、草の根本まで食べられる。

　肉ばかり食べる動物の歯はとんがった歯で、草ばかり食べる動物の歯は平べったい

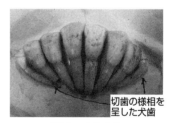

図2　ウシの歯

歯になっている、という話が分かった後で、雑食のタヌキの歯を見せる（**図3**）。

そうすると、奥歯の形が半分平べったくて、半分とがっているがことが分かる。すると1年生がものすごい発言をしてくれた。

図3　タヌキの奥歯

A君「先生、これ建て増しやな！」

B君「初め草を食べてたけど、肉も食べるようになって、半分とがってきた」

この考え方は、まさしく進化論的な考え方だ（実際の進化は逆のようだが）。私はけっこうたくさんの進化に関する本を読んだが、これだけみごとに進化の本質を語った言葉には出会わなかった。1年生が言うように、進化はまさしく「建て増し」なのだ。今まであったものを利用して、自分の暮らしに合わせて「建て増し」すなわち「増改築」を行うのが「進化」なのだ。決して、今までにあったものを壊して一から建て直すという新築はないのだ。

このとき私は、1年生も捨てたものではない、ばかにしたものではないと思った。進化論的な考え方もちゃんとできるのだ。

[『理科教室』1993年3月号に授業記録を含めて収録]

2．「骨盤のはなし」（小学校4年）

ヒトの体の学習は、子どもたちの体の変化するときにするのがいい。

歯の学習は、乳歯が抜ける1年生がいい。そして、ヒトは、哺乳動物の中にあって唯一、成長速度（PHV）のピークが2度ある動物で、その2

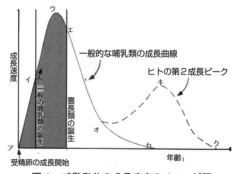

図4　哺乳動物の成長速度のイメージ図

度目が思春期（**図4**）に相当する。女子は男子より1〜2年早い。だから、生理が始まる4年生ぐらいで、思春期の体について学習するのがいい。

　同時に、4年生の「骨盤の学習」（性教育）を提案する。ヒトの出産についても考えてもらうのに、骨盤にスポットを当ててみた。

　この授業の中で「進化」に関わるものとしては、「骨盤はいつできたのか」という話を入れた。

　骨盤は、足を支えるものだから、足の前身であるヒレを支える骨に起因することは、子どもたちにも分かった。4億年前の魚類（ユーステノプテロン）のヒレ関節が、その骨盤の前身であろうと考えられている。ここから徐々に進化を遂げていったのだろう。しかし、水中では浮力が体を支えてくれるので、ヒレは水をかくことができればよかった。脊椎とつながるほどの頑丈さは必要なかった。だから、魚類ではまだ骨盤と呼ばれるものにはなっていなかったのだ。そのヒレ関節が、次の段階（たぶん泥の上をヒレで移動するなど、少し頑丈さが要求される場面で暮らす魚）では、3つの骨（恥骨・座骨・腸骨）で構成されるちょっと丈夫な骨格となる。しかし、いまだ脊椎とつながっていないので、骨盤とはまだ言えない段階だ。

　脊椎とつながり、しっかり体を支えられるようになったのは、3億5000万年前の最古の両生類（イクチオステガ）からだと思われる。両生類になって陸に上がると、浮力の助けはなく自らの足で体を支えなければならない。そこで初めて足の骨と脊椎をつなげる骨盤ができたのだ。それが3億5000万年前ということになる［『理科教室』1997年8月号に授業記録を含めて収録］。

3. ヒトへの「進化」だけが「進化」ではない（中学校）

　子どもたちの「進化」のイメージはというと、ヒトを最終ゴールとする、「ヒトへの進化」の道筋だけを「進化」と捉えている節がある。

　「進化」には、いろいろな方向、いろいろな道筋がある。「魚類→両生類→は虫類→哺乳類→ヒト」だけではない。5億年の長きにわたって陸には上がらず、海に住む魚類のままでいる動物もいる。それでは、いま魚類で

いる動物は「進化」していないのか。もちろん、そうではない。彼らもこの5億年の間に、暮らしや体を大きく変化させ「進化」してきた。

下等なものが卵生で高等な哺乳類だけが胎生というのも間違いである。長い歴史の中で、無脊椎動物も脊椎動物の魚類・両生類・は虫類にも胎生を獲得した動物がいる。図5の中で、胎生でない（卵生な）のは、哺乳類のカモノハシだけである。

図5　卵ではなく赤ちゃんを産むのは？

例えば、シュモクザメは、繁殖法として胎盤を持って10カ月の妊娠期間の後に赤ちゃんを産む、ヒトと変わらぬ胎生へと進化してきたのだ。

多様な動物の世界を示し、ヒト中心の「進化」ではなく、それぞれの動物にはそれぞれの「進化」と「多様性」があることを捉えてさせたい。そのうえで、動物のつながりを理解してほしいと思う。

第2節　動物園を学習の場に

動物園には、日常的に実物を見ることが難しい大型動物などがたくさんいる。これを「教育の場」として使わない手はない。
①生きた動物（哺乳類・爬虫類・鳥類など）の観察の場として。
②骨格標本や剝製標本などの資料提供を受ける場として。
③動物の生態などについてのレクチャーを受ける場として。
④学校で飼育する動物の飼い方についての相談の場として。
この4つが、動物園を積極的に利用する場面として考えられる。

特に観察の場としては、次の7つの視点を持ちたい。

(1) 哺乳類とヒトの比較
(2) 体のつくりやしくみの観察（形態観察）
(3) 動物のつながりと進化（系統・進化）
(4) しぐさや行動の記録（行動記録）
(5) 世界の動物のすみか（地理的分布）
(6) 動物の仲間分け（分類）
(7) 自然保護を考える

(1) 哺乳類とヒトの比較

観察のポイントとしては、より一般的なものを大切にしたい。すなわち、まずは「綱」、哺乳類全般に共通する特徴から取り上げたい。そして順次、目・科・属・種というように観察ポイントを考えていきたいと思う。

小学校で言えば、「毛があるか（けもの）」「おっぱいがあるか（哺乳類）」を基本問題としたい。

〈Q. ゾウに毛は生えているか？〉〈Q. どこに生えているか？〉

〈Q. おっぱいはいくつあるか？〉〈Q. どこにあるか？〉

それに加えて、観察するための着眼点として、哺乳類である自分（ヒト）の体と比べることを大切にしたい。

〈Q. キリンの膝はどこ？〉などは、驚きのある問題だ。一見膝に見えるところはかかとなのだが、それが分かるためには、自分の体と比べるのがいちばんいい。自分の膝とかかとの曲がる方向が「＜」か「＞」の違いに目をつけて観察すると、すぐに分かるはずだ。

〈Q. トラのしまは、縦じまか横じまか？〉なども、重力方向を意識すると縦じまに思えるが、自分が横じまのシャツでも着て四つんばいになれば、すぐにトラも横じまだと分かる（背骨に対して垂直か平行か）。

(2) 体のつくりやしくみの観察（形態観察）

形態が最も観察しやすいが、単に形態を見るのではなく、その動物の暮

らしとの関係を意識しておきたい。

〈Q. シロサイとクロサイの口の形の違いは？〉シロサイは、地面に生えた草を食べるので、口が平べったくワイドになっている。クロサイは、枝の葉を食べるので、口先でつまめるようにとがった口になっている。

〈ウシとウマのうんこを比べてみよう！〉子どもたちがけっこううんこが好きだということもあるが、ぜひ、うんこも観察したい。

反芻動物であるウシは、食べてから排出するまでに70〜100時間もかけていて、消化率がいいので「べちゃべちゃうんこ」をする。それに対して、ウマは、30〜45時間程度で排出するので、繊維質が多く残った「ぽろっとうんこ」をする（もし、ウシとウマのうんこで、和紙づくりをしたら、ウシのうんこのほうがきめの細かい和紙ができるのではないかと思っているが、試していない）。

また、形態を通して、動物の多様性についても触れさせたい。

〈ヒツジの目を見てスケッチしよう！〉瞳は、丸い科、昼間のネコの瞳のように縦に細長いものと考えている子どもたちには、ぜひヒツジなどの目は見させたい。横長の瞳には、多くの子が驚いてくれるからだ。

(3) 動物のつながりと進化（系統・進化）

進化というものは、なかなか目にすることができないが、動物の体に残された進化の痕跡を見つけるのもいい。

〈Q. カンガルーのしっぽの形は？〉哺乳類のしっぽは、根本から細い。爬虫類のしっぽは、根元は太い。カンガルーは哺乳類の原始的なタイプの動物だが、原始的タイプなのでしっぽは爬虫類型のしっぽをしている。

〈トリの脚の絵を描こう！〉ニワトリなどの脚を描かせてみると、爬虫類と同じウロコが見られる。

(4) しぐさや行動の記録（行動記録）

飼育下の動物では行動様式が変化するので、動物園でのしぐさが自然界のそれとは言い難いが、行動を見るということは大切である。

〈Q. ウマが立ち上がるときは、前足から立ち上がるか、後ろ足から立ち上がるか？〉有蹄類の座り方・立ち方には一定方法があるようだ。ウシ型は、後ろ足から立ち上がり、ウマ型は、前足から立ち上がる。

〈キリンの口と首を10分くらい見てみよう！〉キリンも４つの胃を持つ反芻動物だ。口をもぐもぐしているキリンの首元を見ていると、胃から口に吐き戻されてくる様子がよく分かる。首の根本から上へ上へと皮膚が盛り上がっていき、頰が膨らむとまたもぐもぐし出す。

〈トリの水の飲み方を観察してみよう！〉ニワトリは、一口含んで、首を上げてゴクリと飲む。ハトは、口を水につけたままツルツルと飲み上げる。それでは、イソップ物語で、壺の中にくちばしを突っ込んだままスープを飲んでいたツルは、どんな飲み方をするのだろう？

（5）世界の動物のすみか（地理的分布）

地理的分布については、３つの法則がある。

① ベルクマンの法則：寒い地域に住んでいる動物のほうが、暑い地方に住んでいる動物に比べて体が大きい。

② アレンの法則：寒い気候に住んでいる哺乳動物は、暖かな気候に住んでいるものより、体の出ている所、すなわち足・首・耳・尾などが比較的短く小さい。

③ グロージャーの法則：南方の動物の体の色は濃く、北方のものは、これに対してわりあい明るく淡色になっている。

第３節　教材・教具は自作する！

実物が大事といっても、臓器などの実物を用意するのは難しいので、なるだけ実物に近い物（レプリカ）を自分で用意したい（図６）。私は、タヌキなど哺乳類の消化管・肺・心臓・脳・膀胱などのレプリカをシリコーンで作った。一度作るとずっと授業で使えるので、作り方を示しておきたい。

ここで紹介する消化管の雌型のレプリカには、日用品・大工用品店で手に入るシリコーンコーキング剤（シリコン樹脂の一種）を使った。安価で手に入りやすいからだ（医学界では、シリコン樹脂を染み込ませたPlastinationという標本があるが、特殊な器具が必要で高価）。

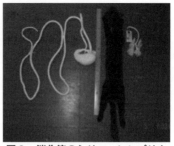

図6　消化管のシリコーンレプリカ

　ここで示す物は、製作法も簡単で、学校現場でも容易に利用することができる。また、実際にこのレプリカを授業で使った小・中学校での児童生徒の反応もよく、このレプリカの有効性も高いと思われる。

消化管のシリコーンレプリカの製作方法

(1) 解剖
　①咽頭から取り出すために、左右の下顎骨に沿ってメスを入れ、食道・気管を傷つけないように舌を付けたまま切り出す。
　横隔膜を体腔に沿って切り離す。
　内臓全部を脊椎に沿って切り離し、消化管を取り外す。
　②洗浄
　消化管内部の内容物を絞り出す。
　肛門・咽頭から腸管に空気を入れ、その後洗浄する。4回程度
　③消化管の切断
　胃の幽門部で切る。腸管が長い場合は約2m間隔で切る。
　（コーキング剤の粘性の関係で2m以上一気に注入できない）
　腸間膜が付いているかいないかで、十二指腸と空腸の境目が分かる。
　盲腸があれば、そこで小腸と大腸の境目が分かる。
　空腸・回腸・盲腸・結腸・直腸の区切りで切る。
(2) コーキング剤注入
　水槽の水に消化管を浮かべて、食物の流れる方向に沿ってコーキング剤を注入する（机の上だと自重で形が崩れる）。
(3) 固化するまで水中に放置
　水槽に浮かべて、4時間程度で固化する。
(4) 腸管等の剥離、残ったタンパク質などの除去（完成）

おわりに──ゴキブリを昆虫と見られる教師を育てる

児童教育学科の学生は、いわゆる文系で「理科は苦手」という学生が多い。ミミズのスケッチを課するだけで、すごい騒動になる。教師になった彼らに習う子どもたちは、どのように育つのだろうか？

そこでカンフル剤として、ゴキブリのスケッチをしてもらうことにした。しかし、総反発をくらったので、ゴキブリのスケッチをするかのディベートを私対学生（164名）で行った。そのディベートを通して、学生は自分たちの意見は感情的なものでしかなかったということに気づいてくれた（図7）。

図7　ゴキブリをスケッチする

感情的なものを否定はしないが、ゴキブリもきちんとした昆虫だと見ることができる教師を育てたいとい思っている。

第8章

地域と日本・地球
―地球科学学習の本質と教材開発のポイント―

はじめに

　1995年兵庫県南部地震は、「近畿地方では大地震は起こらない」と思い込んでいた市民にとって「寝耳に水」の出来事だった。この地震が発生する20年も前に、「神戸と地震」と題する報告書が神戸市に提出されていた。そこには「活断層の数多くある神戸市周辺において、今後大地震が発生する可能性は十分ある」と予測し、「そのとき、断層付近で亀裂・変位がおこり、壊滅的な被害をうけることは間違いない」と書かれていた。しかし、神戸市はその後の町づくりにおいて、この警告を受け止めなかった。

　その背景に報告書に書かれていた警告の内容を、リアリティーを持って受け止める学力が不足していたことがある。神戸市の担当者も、政治家も、市民も、警告が読み解けなかったのである。その結果、ありふれた少し大きめの地震（M.7.3）が、阪神・淡路大震災（死者6434人）と呼ばれる戦後最大の自然災害に結び付いてしまうことになった。

第1節　身近な風景を読み解く学力

1. 山と海の風景

　阪神大震災で被害を受けた神戸は、東西に連なる六甲山地の山々が大阪湾に迫り、山と海に挟まれた細長い土地に人々の生活の場がある。

　過去にたびたびの大地震を起こしながら六甲の山々は高くなり、大阪湾は沈んできた。一方で、山は崖崩れを起こし、土石流を吐き出しながら削られてきた山でもある。その土砂を受け止めたのが、山麓の扇状地と海岸に沿った三角州、大阪湾である。大阪層群と呼ばれる地層は、地殻変動と海水面変動、土石流の歴史を記録にとどめている。

　大地の表面の凹凸を大きくする地殻変動のひとこまが地震であり、凹凸を平坦化する流水の働きが侵食・運搬・堆積の過程である。この対立する大地の2つの運動の相互作用によって、神戸の風景がつくられた。

　市民にとって、六甲山と大阪湾の風景が大地震の可能性と結び付いていなかった。市民は、「活断層は過去に大地震が起こった証拠である」ことも、「市街地の地下に震源になる断層がある」ことも、「六甲山地が激しい地殻変動で地震を起こし高くなってきた山である」ことも知らなかった。

　数十年単位で繰り返す地震の活動期と静穏期の中で、つかの間の静穏期（1962〜94年）の中で、「大地震はない」との漠然とした思いが思い込みにつながり、人々の意識に根づいていった過程があったと想像される。

　そこには市民の大地の科学についての基礎学力の不足があり、小・中・高校における理科教育の欠陥があった。大震災は日本の理科教育に根本的な反省を突きつけ、見直しを迫るものであった。

　どの地域にあっても、市民が自分たちの住む地域と国土の風景を読み解く地球科学的な素養を持てるようであってほしい。見慣れた風景から大地の成り立ちと生い立ち、災害の可能性を科学的に読み解く学力（地球科学的リテラシー）を市民が持つ必要がある。

2. 谷と扇状地から土石流を思い浮かべる

　2014年8月20日に土石流に襲われ、74人もの死者を出した広島市安佐南区八木地区は、標高586mの阿武山の斜面とその山麓に広がる扇状地に当たる所である。山地は大部分が花崗岩から成り、表層は激しく風化して真砂化し、節理が発達している。被害を受けた土地は、過去の土石流がもたらした堆積物が扇状地の地形を作っている。

　「土石流の発生しやすい場所に宅地を開発したのが間違っている」というニュアンスで報道されることがあった。しかし、「山麓に広がる扇状地」＝「過去の土石流で作られた土地」は日本中に無数にあり、この地区が特別な場所であったわけではない。

　土石流は、山と平野と川が織り成す自然の営みの一現象である。時間のオーダーで川の働きを整理してみると、次のようにまとめられるだろう。

　ふだんの川は何も運ばない。水は澄み、泥すら運んでいない。しかし、雨が降ると増水して、泥を運び、砂を移動させる。何カ月に一回の大雨が降ると濁流が発生し、砂を下流域に運び礫（れき）を移動する。数年の単位で不安定な斜面が崩壊して、礫と砂が河床にたまる。数十年の時間で崖が崩れ、土砂が累積する。数十〜数百年に一度の集中豪雨で土石流が発生し、土砂が山麓に運ばれる。数万年の時間を経て、山の谷は深く切れ込み、山麓に扇状地ができる。

　私たちは「山の谷の切れ込み」と「なだらかな坂道の扇状地」の地形から、その土地の過去に発生した山腹崩壊と土石流を思い浮かべる想像力を持たなければいけない。その営みは数十年〜数百年に一度の出来事だが、起こる時は1時間単位の猛烈な降雨による瞬く間の現象でもある。

第2節　地球科学学習の目標

1．私たちの「ふるさと」の住所を知る

　地球科学学習の目標を、子どもたちが住んでいる「ふるさと」の成り立ちと生い立ちを知ることとしたい。「宇宙時代」には、地球が私の「ふるさと」である。「水の惑星」であり「生命の惑星」である太陽系第3惑星・地球が、どのような天体であるかを学ぶ。国際化社会の中では、私の「ふるさと」は日本列島である。ユーラシア大陸の東に弓なりの連なる列島で、火山と地震の列島である。日本列島の歴史と姿を学ぶ。日本国内での筆者の「ふるさと」は神戸である。六甲山地から流れ出す川が大阪湾に注ぎ、川が運んだ土砂でつくられた扇状地や三角州の上の街・神戸の大地の成り立ちを知る。

　大きな「ふるさと」から見ると、小さな「ふるさと」の特徴がよく分かる。太陽系の中で絶妙の位置にあるために液体の水が存在した地球、地球上で4枚のプレートの境界にあるために激しい変動が起こる日本列島、日本列島の中で、火山はないが断層が活動して高くなった六甲山地がある神戸。地球規模、日本列島規模で、それぞれの地域の特殊性を見つけ、自分が住んでいる「ふるさと」の地球科学的な「住所」を知ることを、地球科学学習の目標とする。

　身近な地域の地学的な素材をどう生かすかという問題意識を持った実践が、以前に比べて少なくなっている。学習指導要領では「野外観察などを行い、身近な地学的な事物・現象を観察させ」を強調しているが、残念ながら「地域の自然の教材化」は困難になっている。いま一度、地域の地形と地質の教材化のための研究と実践を広げていくことが重要になっている。大学や博物館などの研究機関、研究者と現場の教員の共同による教材開発の運動の強化が必要である。

2. 物質循環の視点で大地の動きを知る

　土石流は山地の岩石が剥離・移動して、平野を構成する堆積物になる現象である。エネルギーの源は、地殻変動によって岩石を高い位置に持ち上げた地球の内部エネルギーと、水を雲として高い位置に持ち上げた太陽光エネルギーの共同にある。

　山地における岩石の風化・侵食作用によって生み出された土砂は、平野部や海域に運搬され堆積する。山地は高くなりながら削られ、盆地は土砂を受け止め、沈降する。大地の凹凸を大きくする地殻変動と流水の凹凸を小さくする平坦化の働きの相互作用によって大地の形はつくられてきた。ふだんは動かない大地が動いて地震が起き、ふだんは動かない土砂が集中豪雨によって動いたとき土石流が発生する。そのようにして現在の山と平野がつくられた。地震と火山と崖崩れ・土石流とは、地球表面における物質循環の一環の動きであり、山地と平野はその過程を表現している。

　地球のさまざまな動きを大規模な物質循環の過程と捉えることができる。一方が海洋プレートの移動と沈み込みに伴う付加体の形成であり、他方が流水の侵食・運搬・堆積の作用と造山運動（隆起）である。両者が連動するダイナミックな地球の動きの理解が重要である［高橋修、2012］。

　地球を熱機関と考えることもできる。火山は大規模な物質循環の流れの一部であり、プレートの運動によって地殻変動が起こる（図1）。日本列島に住む私たちは、「絶え間なく変動を続ける大地をしっかりと踏みしめ、自然のしくみをよく知り、これと賢く共存していく道を探る」［高橋正樹、2012］必要がある。

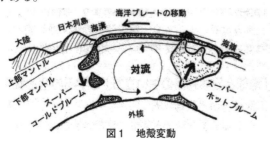

図1　地殻変動

地球科学の研究は1990年頃から飛躍的な進歩を遂げ、地球表面の変動を統一的に理解する理論体系としてプレートテクトニクスが確立した。さらに、マントル内部の物質と熱の移動の姿を明らかにするプルームテクトニクスが誕生し、システムとしての地球の活動の理解が進んできた。

　また、日本列島がどうように誕生し、その後どのような過程を経て現在の姿になったのかも詳しく解明されてきた。この成果の一端を義務教育終了までの理科教育の中で生かし、全ての子どもが豊かな地球観・自然観を持てるようになることを目指したい。

第3節　地球科学学習の内容と課題

1. 小学校での地球科学学習の内容と課題

　小学校学習指導要領では、5年生では「地面を流れる水や川の様子を観察し、流れる水の速さや量による働きの違いを調べ、流れる水の働きと土地の変化の関係についての考えをもつ」とし、侵食・運搬・堆積、上流と下流の石などが扱われる。6年生では「土地やその中に含まれる物を観察し、土地のつくりや土地のでき方を調べ、土地のつくりと変化について考えをもつ」とし、礫・砂・泥・火山灰、地層、化石、火山噴火、地震などが扱われる。

　小学校の理科学習では、地球の表面の現象（流水の働き）や物質（堆積岩、泥・砂・レキ・火山灰）についての学習の基礎になる、多様で豊富な体験をたっぷりさせることを重視したい。地図を持ち、身近な自分たちの校区を探検したり、さまざまな地形を自分の足で歩いたりすることを通して実感する学習を重視する。校区に川があるときには、必ずその川に連れて行って川の働きを考えさせる。

　しかし、都市部の川はほとんどが三面護岸の溝なので、川の働きは分からないだろう。実際の川の代替として、校庭にできるだけ大きな砂山（真

砂土で）と海のモデルである穴を作って、ホースで雨を降らせて、その流水が山を削り、土砂を運び、海（穴）に流れ込んで泥や砂を堆積することを確認する。雨が降ったときには、運動場に出て雨水がどのように流れ、合流し、どこに流れていくのかを観察させることも大切である。

　校区に地層が観察に適する形で見られる学校はまれである。それは、学校が低地か台地に建っていることに理由がある。大地の地形を「山と平野」に区分し、学校から見て「山はどこにあるか？」を問い、「学校が平野に建っている」ことを確認する。このとき、国土地理院が発行している5万分の1や20万分の1の地形図を活用する。

　台地＝段丘があれば、平野の中に「坂道」を見つける。それは段丘崖であり、坂道を上ることは時代を遡ることであることを教える。

　平野の地下には、川の水が山から運んできた堆積物が地層として広がっていることを、各学校に保存されているボーリング資料（地下の地層を取り出したコア）で確認する。複数の柱状図があれば、地層のつながりや広がり、変化を考え、その土地の過去の歴史を探ることも可能である。地層は泥と砂と礫からできていることを知らせる。当然、ふるいで運動場の砂をふるい分けして礫、砂、泥を区分し、手触りでその違いをしっかり認識させる。

　火山の授業では、地図上で日本列島の火山の分布や火山の名前を確認し、溶岩や火山弾などはぜひ見せたい。また火山灰が遠くから飛んでくることを教え、どこからやってきたかが分かる火山灰を手に取らせたい。御嶽山や雲仙普賢岳の火山災害についての映像を見せて、火山の国日本での火山防災について考えさせたい。

　地震の授業では、日本列島における地震の分布を確認し、阪神大震災、東日本大震災の映像を見せ、地震の国日本での地震防災を考えさせたい。

2. 中学校での地球科学学習の内容と課題

　中学校では1年生の「大地の成り立ちと変化」の単元で、「大地の活動の様子や身近な岩石、地層、地形などの観察を通して、地表に見られるさま

ざまな事物・現象を大地の変化と関連付けて理解させ、大地の変化についての認識を深める」と目標を定めている。

中学校の理科学習で、大宇宙の中でのこの地球の特殊性（地球らしさ）と日本列島の特殊性（日本列島らしさ）を教えることをもっと重視する。身近な地域の地形や地質を具体的に扱いながら視野を日本列島・地球へと広げ、逆に地球的・日本列島の視野から地域を見直すことも可能である。

(1)「平野と山地の生い立ち」を学ぶ内容と教材

見通しの良い場所から地形を観察し、グーグルマップ写真、地域の地形図・地質図、地域の土砂災害写真・映像を活用し、土砂災害危険個所図（ハザードマップ）を見ながら次の内容を学ぶ。

まず、大地の地形が山地と平野に分けられることを、風景を見ながら確認する。さらに平野が、丘陵、台地、低地に分けられる。

山地は硬い岩石からできているが、岩石は風化し侵食され、運搬されて平野部や水域に運ばれる。その土砂（礫、砂、泥）は、地層として堆積する。

大雨が降ると、崖崩れ、土石流などの土砂災害が発生することがある。それぞれの地域で土砂災害危険個所図（ハザードマップ）が発行されているので、それを活用する。

地層は、堆積する場所によって堆積物に違いができる（図2）。礫層は山の出口の扇状地や河原に堆積し、砂層は川が海に注ぐ三角州や海岸に堆積する。泥層は海底や湖底に堆積する。地層を読み取ると、その土地の歴史を読み解くことができる。それぞれの地域や学校のボーリング資料を基に、平野の地下にある地層から土地の歴史を明らかにする課題に取り組む。

海岸段丘や河岸段丘は、海水面変動によってつくられた地形

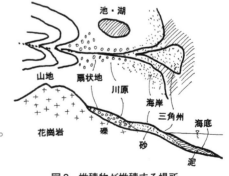

図2　堆積物が堆積する場所

である。海水面変動は、約10万年ごとに繰り返した氷期と間氷期という気候の変動によって起こった。海水面が高い時代には、地層が堆積し平坦面ができる。海水面が低い時代には、侵食が激しくなり段丘崖ができる。海水面が高いと海が広がり、泥層が堆積する。低いと海が退き、扇状地が発達する。地域の地形図・地質図を基に、地形と地層から海水面変動の歴史を読み解く。

関東平野や大阪平野、濃尾平野などの大きな平野や内湾は、土砂を受け止めながら沈降し、厚い地層が堆積している。平野の周りの山地は、土砂を生産し削られながら隆起してきた。山地と平野の形成のダイナミックな大地の営みを思い浮かべる学習である。

(2)「日本列島らしさ」を学ぶ内容と教材

＜日本列島＞　世界地図やグーグルマップの写真を見ながら、日本列島の形を観察する。北海道・本州・四国・九州が一つの「弧」を描いていることが分かる。沖縄を含む南西諸島も、千島列島も弧を描いていることに気がつく。弧状列島である日本列島の長さを測ると、約3000km、幅は300kmである。場所を転じてヒマラヤ山脈を観察すると、弧を描いた山脈である。長さと幅は日本列島と同じ程度であることが分かる。日本列島はヒマラヤ山脈と同じような規模を持った大山脈であることを確認する。

＜世界の大地形とプレート＞　世界の地質構造を見ながら、大山脈や海嶺、海溝がどこにあるかを調べる。大山脈は大陸の周辺の縁にあり、海嶺は大洋の真ん中にあり、海溝は大洋の縁にあるという規則性を確認する。

世界地形図、日本周辺の地形図、地球表面のプレート図、プレート断面図などを見ながら、次の内容を学ぶ。

①地球の表面は、10数枚のプレートで覆われている。
②プレートには海のプレートと陸のプレートがあり、海のプレートは陸のプレートの下に沈み込んでいる。
③海嶺は、海のプレートが生まれるところである。
④海溝は、海のプレートが沈み込むところである。

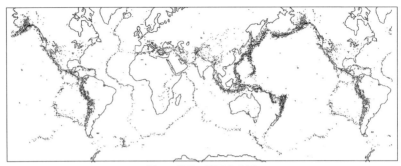

図3　世界の地震分布図

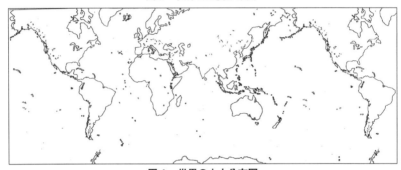

図4　世界の火山分布図

⑤山脈は、陸のプレートが押し上げられたところである。

＜世界の地震と火山の分布＞　世界の地震分布図（図3）、火山分布図（図4）を見て、地震が起こる場所、火山活動が活発な場所はどんなところかを考える。地震が起こる場所は帯状につながっていること、太平洋を取り巻く周辺（環太平洋）に多いこと、ヒマラヤ・中東・アルプスにかけても多いことが分かる。また、大西洋・南極海・インド洋の真ん中に地震が起こる帯がつながっていることが分かる。さらに、イギリスやフィンランド、オーストラリア、カナダなど地震がほとんど起こらない国があること、日本は世界で最も地震の多い国であることが分かる。地球上の地震エネルギーの10％が日本列島付近で放出されている。

地震がよく起こるのは、プレートの境界であること、火山活動が活発な場所もプレートの境界であることを確認する。

＜日本付近での火山と地震＞　日本付近の火山分布図、日本付近の地震

分布図、日本付近のプレート分布などを資料にして、次のことを学ぶ。
　①世界には活動的火山が1500個あり、7％が日本列島の周辺にある。
　②日本列島の地震と火山は帯状に分布している。
　③日本の太平洋沿いで地震が多く、震源は大陸に向かって深くなる。
　④日本列島付近で4枚のプレートが押し合っている。

　<地震>　地震については、簡単なモデル実験をしながら地震分布図や日本と地域の活断層分布、震源距離と地震波到達時刻の関係図、震度分布、関東大震災・阪神大震災・東日本大震災の写真と動画などを使って、次の内容を学ぶ。
　①地震は岩盤のひずみが限界に達し、断層が活動することで起こる。
　②地震には海溝型地震と内陸の直下型地震がある。海溝型地震は海洋プレートの沈み込みによって、ひずんだ大陸プレートの跳ね返りで起こり、津波を発生させる。内陸の直下型地震は活断層が動くことによって発生する。
　③地震動の強さを表す震度は、震源からの距離と地震の規模で決まる。
　④地震波には初期微動と主要動があり、初期微動継続時間は震源距離に比例する。
　⑤地震による被害は地盤の様子に左右される。津波、家屋の倒壊、家具の転倒、液状化、崖崩れ、火災が発生する。

　<火山>　火山の学習では、コーラを使った火山噴火モデル実験などを行い、火成岩や火山噴出物の観察をしながら、次のことを学ぶ。映像や写真を使いながらリアルなイメージが持てるようにする。
　火山は地下で岩石が溶融したマグマが上昇して、地球の内部の物質を地表に運ぶ現象であり、マグマはプレート沈み込みに伴って発生する。
　マグマが地表に出てきて火山噴出物には、溶岩・火山弾・火山灰・火山ガスがあり、火砕流として斜面を下る現象もある。
　①火成岩には、マグマだまりが地下で固まった深成岩と、地表で冷えた火山岩がある（深成岩＝花崗岩・閃緑岩・斑レイ岩。火山岩＝流紋岩・安山岩・玄武岩）。

②マグマの性質は、含まれる二酸化珪素の量で決まる。流紋岩質のマグマは粘性が大きく、玄武岩質のマグマは粘性が小さい。
　③大規模な火山活動によって、大量の火山灰が遠くまで飛ぶ。
　④火山の活動は、しばしば大きな災害を引き起こす。

(3)「地球と日本列島の生い立ち」を学ぶ内容と教材

　教科書では「生きている地球」などの単元名になっているにもかかわらず、地球がどのような構造になっているのかについて触れられていない。

　＜地球の構造＞　地球が半径6400kmもの巨大な球であり、中心には金属からできた核があり、その外側に岩石からできたマントル、表面は地殻からできていて半熟卵のようになっていること、いちばん表面に水圏と大気圏があって、これも地球を構成する要素であることを知っておきたい。

　＜太陽系と地球の誕生・歴史＞　天体の学習で、地球は太陽系の第三惑星であることが扱われる。しかし、地球の歴史についてはほとんど触れられることがない。

　地球の歴史に関する図や写真、イラストなどは豊富に公表されているので、それらを活用して、地球が46億年前に隕石・小惑星が集まって誕生したこと、誕生直後の灼熱の地球を経て、40億年前には液体の水が海を形成し、そこで生命が誕生したことを学ぶ。

　27億年前には光合成をするバクテリアが出現し、地球環境が大きく変化したことや、全球凍結の時代を経て5億4000万年前になって生物が爆発的に増えることになる。

　それ以前は、先カンブリア代（冥王代、原生代、始生代）と呼ばれ、以降の顕生代と呼ばれる地質時代は、古生代（魚類と両生類の時代）、中生代（恐竜の時代）、新生代（ほ乳類の時代）に分けられ、新生代は第三紀、第四紀（人類の時代）に分けられる。古生代末と中生代末には、それぞれ大火山活動と巨大隕石の衝突によって生物が大量絶滅をした。

　生物進化と地球環境の変遷の歴史を学ぶことは、現在の地球環境問題を考えるうえでも大切な学習である。

＜堆積岩と化石＞ 　地球の歴史を明らかにしたのは、それぞれの時代に堆積した地層とその中に含まれる化石の研究である。

　地層をつくる堆積物は数千万年〜数億年の年月を経て、硬い堆積岩になる。堆積岩には、礫岩・砂岩・泥岩・凝灰岩・石灰岩・チャートがあり、地層には時代を示す示準化石や環境を示す示相化石が含まれている。

＜日本列島の歴史とプレートの運動＞ 　日本列島の各地に分布している古生代〜中生代・古第三紀の地層を構成しているチャートや石灰岩は、日本から遠く離れた海洋で堆積した後、プレートの移動とともに日本列島にやってきて付け加わったものである。そのとき大陸からもたらされた乱泥流が堆積してできたのが泥岩（頁岩）や砂岩である。日本列島は、古生代以降の付加体の寄せ集めとも言える。また、日本列島は2000万年前までは大陸の一部だったが、その後日本海が拡大して、1500万年前ごろに弧状列島になった。

　プレートの運動は、マントルで大きな物質と熱の対流が原因で起こる現象である。海嶺は物質が上昇する場所であり、プレートが生まれる所であり、海溝はプレートが沈み込む所である。プレートは、年に数cmの速さで動き、海洋底が拡大し、大陸が移動する。丹沢山地や伊豆半島は、プレートの動きによって移動してきて、本州に衝突・付加した地塊である。

おわりに

　2011年3月11日に発生した東北地方太平洋沖地震は、20世紀に入ってから世界全体で6例目の巨大地震だった。この地域でこの規模の地震が発生するとは、多くの専門家も「予測」「想定」していなかった。

　この巨大地震が引き起こした大津波の様相は、多くの人々の常識を超えたものだった。私たちの想像力をはるかに超えたものだった。自然の営みの圧倒的な破壊力と人間の非力さ、科学と技術の未熟さを見せつけた。

　一方で、仙台平野などでの地層を調べ、この地域において大津波が襲った証拠を丹念に集めた研究者がいたこと、その結果から東北地方では500

〜1000年の間隔で巨大津波をもたらす大地震が発生していることが明らかになっていた。しかし、その成果は生かされなかった。

　また、津波に襲われる可能性が高い釜石で、市民の間に根拠のない油断が広がっていることに危機感をもって、徹底して「自分の命は自分で守る」防災教育をして成果を上げた事例も報告されている。

　大地の歴史や動きは、時間的・空間的に人間の生活のスケールとは桁はずれの自然のスケールで考えなければ理解できない。また、地球の運動、大地の変動、地震や火山活動は人間の意識とは独立した自然の必然的・法則的な動きである。人間の主観的な意図でどうこうなったり、人間がその自然に勝ったりすることはできない。大地の成り立ちと生い立ちの学習は、自然の中での人間の立場を認識する学習であり、必然的に人間と自然との関係を問う営みでもある。これが地球科学教育の重要な役割である。

　地球科学教育の大切な目標は、日本列島に生きる子どもたちが、大地についての科学的な認識を基礎にして、火山と地震・洪水と共存する知恵を身につけ、科学的で豊かな自然観・地球観を育てることである。

引用・参考文献

左巻健男監修・峯本格他『系統的に学ぶ中学地学・新訂版』文理、2014年

高橋修「理解することのできない時間の長さを知るために」『理科教室』
　　2012年10月号、pp.36-41

高橋正樹「物質循環と日本列島の火山」『理科教室』2012年10月号、pp.42-46

峯本格「"神戸で大地震がない"迷信がなぜ広がったか」『科学』第70巻第10
　　号、岩波書店、2000年、pp.787-792

峯本格「『私のふるさと』の大地を知る――小・中学校を通した火山と地震の
　　学習」『理科教室』2001年8月号、pp.12-17

峯本格「六甲変動からみた兵庫県南部地震と地球科学教育の課題」『理科教
　　室』2012年10月号、pp.47-52

第9章 地球の特徴が捉えられる宇宙の学習

はじめに

　本章では、宇宙に関する学習について、子どもたちが地球の特徴（特殊性）を捉えられるように展開することの必要性と重要性を提起し、その具体例を示す。

　地球温暖化などの地球環境問題に対して適切な対応を考える基礎には、地球環境に関する客観的な認識が欠かせない。地球の特徴、宇宙における地球の特殊性を、多くの人たちが捉えたうえで、対応が検討される必要がある。しかし、日本の義務教育の理科においてはこれまでずっと、地球の特徴を捉える学習は保障されてこなかった。

　現行の理科の学習指導要領では、小・中学校を通して学習を展開する際の軸になるものとして、4つの基本的な概念が設定され、その一つに「地球」が位置づけられるようになった。しかし、学習指導要領とその解説では、「地球の内部」「地球の表面」「地球の周辺」というように、学習の対象となる部分が分けて示されるだけで、「地球」の捉え方として何を重視

していくのかという点はなんら示されていない。そのうえ、太陽系や銀河系を「地球の周辺」として扱うという「無理」をしておきながら、本来の地球の周辺、すなわち地球のすぐ近くの宇宙空間については扱われていない。地球環境の特徴は、地球のすぐ近くの宇宙空間との対比によって明確に捉えられるのに、である。

　地球の特徴を捉える学習は、従来の地学分野の学習における困難を克服しうるという点でも重要である。理科の中でも地学分野は、地質・岩石、火山、地震、気象、宇宙、それぞれについての学習の寄せ集め的な性格が強く、相互を関連づけた学習が展開されることは、これまでほとんどなかった。そのうえ宇宙に関する学習では、天体の見え方と位置関係に関するものが主になっていて、宇宙の構造や歴史については十分に扱われてこなかった。

　地球の特徴を捉える学習を位置づけることによって、地球内部とその表面、そして宇宙空間を相互に関連づけた学習が展開されることになり、地球を含めた宇宙の構造と歴史に関する学習も、欠かせないものとして位置づけられるようになる。また、天体の見え方と位置関係に関する学習については、動き方も含めて扱うことによって、天動説と地動説をめぐって何が問題になっていたのかを、実感を伴って理解できるようになる。

　地球の特徴を捉える学習を構想する際には、地球化学と地球物理学の成果が参考になる。どちらも地球全体を対象とする学問分野であり、20世紀に入ってから体系化されてきた。なお、特殊性を捉えるということは、一般性や共通性を認識することと表裏の関係にある。地球の特徴を捉える学習は、宇宙の一般的な特徴についての理解を深め、より確かなものにする学習でもある。

　以下では、地球の特徴を捉える学習において効果的だと考えられる「学習課題」を示したうえで、それぞれの学習内容の概要を説明する。

第1節　天動説の根底にある捉え方

1. 地球の反対側の人は落ちてしまうのでは？

　子どもたちの多くは、自分たちが立っている大地が「丸い」ことを初めて知ったとき、「反対側の人が落ちてしまうのではないか」と疑問に思い心配する。古代ギリシアのアリストテレス（Aristoteles BC384〜322）は地球球体説を唱えたが、その当時も多くの人が同様の疑問を持った。それでもだいじょうぶだと彼らが納得できたのは、天動説によってであった。すなわち、宇宙全体に比べて地球はとても小さいけれども、地球は宇宙の中心にあって動いておらず、土の元素を多く含むものは中心に向かう性質があるので、丸い地球の反対側の人も中心に向かって立っていられるのだ、というのである。

　丸い地球が動いていると捉える地動説は、したがって、当時の人たちにはとても受け入れ難いものであった。それでも、アリストテレスと同時代にも、その少し後の時代にも、地動説を唱える者が現れた。例えばアリスタルコス（Aristarchos BC310頃〜230頃）は、月と太陽の大きさを観測に基づいて導き出し、太陽が地球よりもはるかに大きいことを確認し、大きな太陽が小さな地球の周りを回るのは不自然だと考え、地動説を唱えた。

2. 地球が動く速さは？

　そのような地動説に対して、天動説の側から疑問が提出される。一日かけて地球が動いている（自転している）というのであれば、動く速さはかなりのものになり、飛び立った鳥はついていけなくて巣に戻れなくなったり、空中にあるものは置いていかれてしまうのではないか、というのである。

　しかし、このような疑問は天動説に対しても当てはまる。そのことを、天動説の側もはっきりと自覚していた。すなわち、一日かけて太陽が地球

図1　アリストテレス的宇宙　（ペトルス・アピアヌス『宇宙誌』1539年）

の周りを動いているなら、地球から太陽まではとても離れているので、このときの太陽が動く速さは地球の自転の速さどころではなく、想像を絶する速さになってしまうのだが、そのようなことが本当にあり得るのか、という疑問である。

3. 地球上で成り立つ法則が宇宙全体でも成り立つのか？

アリストテレスは、このような疑問についてよく承知していたので、次のような捉え方を示していた。すなわち、地上の世界と月より上の星の世界とは別世界であり、物の動き方を支配する法則も世界を構成する元素も異なる、というのである。そして、宇宙の中心にあるとはいえ、地球は宇宙全体に対してとても小さく、その小さな地球上で成り立つ法則が宇宙全体でも成り立つと言えるのか、とアリストテレスは問うのであった。

このように、天動説の根底には、地上の世界と星の世界とは別世界だという捉え方があった。この点を批判し、地上で成り立つ法則が星の世界で

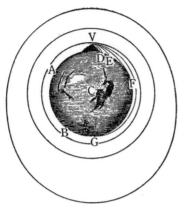

図2 ニュートンの図

ニュートンの弟子のD.グレゴリーのメモ（1694年5月）の中にある、ニュートンによるものと思われる図（山の上からVのスピードで砲弾を打ち出したとき、速度に応じて近い位置からしだいに遠くへと落下していく。さらにスピードを上げると、ついには地球を回る軌道を描くように回り続ける）

も成り立つことを示すのが、地動説の側にとっての大きな課題となった。それを成し遂げたのは、約2000年後のニュートン（Newton, Isaac 1624～1727）によってであった。木から落ちるリンゴの運動も、地球の周りを回り続ける月の運動も、どちらも万有引力の法則に従っていることをニュートンは示した。月はリンゴと同様に地球の引力により地球に向かって落ち続けているが、引力と垂直の向きの速さによって、地球との距離を縮めることができない状態にある。

国際宇宙ステーションは、宇宙空間にあるとはいえ高度400kmでしかなく、地球のすぐ近くにあるが、月と同様、落ち続けていても地球との距離が縮まない状態にある。国際宇宙ステーションから出て船外活動をする宇宙飛行士も、同様に地球に向かって落ち続けている状態にある。

第2節　地球は宇宙の一部だけれど特殊

1. 私たちの体を構成する原子がつくられたのはいつ頃か？

天動説では、世界を構成する元素も地上と星の世界とでは別だと捉えら

れていた。アリストテレスによれば、地上の世界は、土・水・空気・火の4つの元素より成り、星の世界はエーテルより成るということであった。

　私たちの体を構成する原子は、太陽の誕生（約46億年前）よりも前に寿命を終えた恒星の内部でつくられた、あるいはその最後の超新星爆発の際につくられた。それらの原子が集まって太陽系が形成されたわけだが、その際の原子の集まり方の違いによって、それぞれの天体の特徴の違いが生まれ、天体の内部での原子の動き方の違いによって、似たような天体の間にもさらに特徴の違いが生まれてきた。地球を構成する原子は、地球誕生以来壊れることなく（放射性元素は別だが）、地球の内部や表面を動きながら今日に至っている。私たちの体は、そのような原子によって構成されている。私たちは、それを構成する原子から見ても、まさに宇宙の一部なのである。

　筆者が教えている大学生のほとんどは、このようには認識できていない。自分の体を構成する原子がいつ頃できたのかと問われると、自分が誕生したときとか、今朝とか、そのように答えてしまう者も少なくない。

2. 地球周辺の宇宙空間で健康に30分間過ごすのに必要なものは？

　この問いに対しても、筆者が教えている大学生のほとんどは、酸素のことしか挙げられない。温度対策とか圧力の対策まで答えられる者は少ない。紫外線や放射線、宇宙塵の対策まで答えられる者はほとんどいない。

　具体的なイメージとしては、国際宇宙ステーションでの船外活動の際に着用する宇宙服に備わっている機能は何か、ということになる。そしてそれは、私たちの生存を可能にしている地球環境の特徴を端的に示すものでもある。宇宙服は小さな地球環境ともいえる。

　宇宙服との対比によって、一般的な宇宙空間の特徴も捉えられるようになる。ほとんど真空で低温（太陽光に当たる部分は高温）、強い放射線が飛び交う空間、そのような空間がほとんどを占めているのが、この宇宙なのである。宇宙の中でも恒星が密集している部分の一つである銀河系、それ

に属する太陽であっても、隣の恒星まで4.4光年も離れている。そのように考えると、恒星などの天体も、宇宙の中では特殊な場所と言える。

　宇宙には多様な天体があり、それぞれ特殊性を持っている。地球は太陽系に属する惑星の一つだが、惑星にもそれぞれ特殊性がある。地球表面の環境はどれほど特殊なのか、それは他の惑星と比較することによって明らかになる。

第3節　金星と地球の表面環境の違い

1. 地球と違って、金星では太陽からの放射線をもろに受けてしまうのはなぜ？

　金星は地球のすぐ内側の軌道を公転する惑星で、大きさも地球とほぼ同じなので、双子のようによく似た惑星として地球と金星は誕生したと考えられる。しかし、現在のその表面環境は大きく異なる。

　太陽表面からは大量の電子や陽子が放出され続けていて、金星や地球にも太陽風として押し寄せている。すなわち、金星も地球も、太陽からの大量の放射線にさらされている。地球では、その周辺で太陽風がそれて、直接それを受けないようになっているが、金星では太陽風をもろに受けてしまう。これは、磁気の強さの違いによる。金星では、固有の磁気が確認されていない。それに対して地球では、強い磁気によって、電気を帯びた太陽風の進路が曲げられ、太陽からの放射線をもろに受けないようになっている。

　金星に磁気がないのは、自転が極端に遅いことと関係している。金星の自転周期は地球の約240倍もあり、金星は自転が極端に遅いのである。惑星の磁気の成因については、内部構造とも関係していて単純ではないが、ある程度の速さで自転していることが、その前提になっている。

2. 金星の表面に水が存在しないのはなぜ？

　金星は自転が遅いので、昼と夜がそれぞれ長時間続く。にもかかわらず、金星の地表の温度は、昼も夜も約470℃に保たれている。それは温室効果による。金星の地表での大気圧は90気圧に達する。地球よりもはるかに大量の大気が金星には存在し、その95％以上を二酸化炭素が占めている。金星の大気中には、地球大気とは比べものにならないほど大量の二酸化炭素が含まれているのである。

　火星も、大気の量はわずかではあるが、その95％以上を二酸化炭素が占めている。地球でもかつて、大気の大半を二酸化炭素が占めた時期があったと考えられている。地球はその後、大きく変化することができたのだが、金星と火星はその段階で止まってしまったとも言える。地球が大きく変化できたのは、次節で示すように、水の存在による。その水が、金星の表面には存在しない。液体の水が、ということではなく、水の分子が存在しないのである。

　金星は地球よりも太陽に近いため、太陽から強い紫外線を受けている。その強い紫外線によって水分子が分解され、発生した水素は軽すぎて金星の引力で引き留めておくことができず、宇宙空間に出て行ってしまう。地球の場合は、太陽から届く紫外線がそこまでは強くなかったため、表面に水分子が存在し続けたのである。

第4節　活発な物質循環によって保たれる地球環境

1. 初期の地球大気中にあった大量の二酸化炭素はどこへ行った？

　誕生した地球は高温で、全体が溶融した状態になり、内部から噴出したガスによって大気が形成され、そこから冷却していくことになる。そのときの大気の主成分は、現在の火山ガスの主成分と同様だったのではないか

と推定されている。大量の水蒸気と二酸化炭素、それに塩化水素や二酸化イオウがかなり含まれていた。

　冷却するにつれて、水蒸気が液体となって地表にたまり、海が形成された。初期の海水は、大気中の塩化水素と二酸化イオウを溶かし込んでいたので、塩酸や硫酸を大量に含む強い酸性の高温の海水であった。二酸化炭素は、強い酸性の海水には溶け込むことができず、大気中にとどまり、この時の地球大気は二酸化炭素が大半を占める状態になった。

　その後、大気中の大量の二酸化炭素はほとんどが取り除かれて、数万分の1にまで減少していったのである。その際に重要な役割を果たしたのが海水であった。特に、海水が「しょっぱく」なったことが大きく関わる。強い酸性の高温の海水は、接触する岩石と反応してナトリウムやカリウム、カルシウムを溶かし込んでいった。そのような反応が進行するにつれて、海水の酸性は弱まり、つまり「酸っぱさ」が抜けて、海水中には塩化ナトリウムなどが増えていき、「しょっぱさ」が増していったのである。

　酸性が弱まった海水には大気中の二酸化炭素が溶け込むようになる。単に溶け込んだだけであれば、数万分の1にまで減少することはない。「しょっぱく」なった海水にはカルシウムイオンが大量に含まれていたことが大きく関わる。溶け込んだ二酸化炭素がカルシウムと結合して、水に溶けない炭酸カルシウムが生成する。それによって大気中の二酸化炭素がさらに海水に溶け込むようになり、さらに炭酸カルシウムができる。そしてさらに二酸化炭素が溶け込み、というように反応が進行し、海水中に大量の炭酸カルシウムが堆積し、石灰岩などの炭酸塩岩になっていった。

　やがて、地下で石灰岩の一部がマグマに取り込まれると、炭酸カルシウムは分解して二酸化炭素が発生し、火山の噴火とともに大気中に放出される。そして、放出された二酸化炭素の一部は海水に溶け込む。

　このように、地球表面において二酸化炭素の循環が形成される。その後、生物が誕生し、進化していくことにより、二酸化炭素の循環も変化していく。

2. 光合成によって植物が1年間に吸収する二酸化炭素の量は大気中のそれの何分の1か？

　筆者が教えている大学生にこのように質問しても、考える根拠となるものがないため、数分の1から数万分の1まで、予想はばらばらになる。結論を伝えるだけになるが、学生たちの驚きは大きい。約6分の1である。

　大気の成分それぞれについて平均滞留時間が求められている。オゾン層を破壊するとして使用・生産が禁止されるようになったフロンガスの平均滞留時間は80年とされている。規制が実現したとしても、それまでに排出されたフロンガスが大気中に滞留し続け、数十年間にわたってオゾン層は破壊され続けるのである。オゾンの平均滞留時間は100日とされている。オゾンは上空で、フロンガスの影響がなかったとしても消滅しつつ生成し、そのバランスによってオゾン層は保たれている。南極上空で春先にできる大規模なオゾンホールも、夏にかけて修復されていくのである。窒素の平均滞留時間は1600万年、酸素は数千年とされている。

　二酸化炭素の平均滞留時間は3〜4年とされている。3〜4年で大気中の二酸化炭素が入れ替わっている、と単純化してイメージしてもよい。植物の光合成によって吸収された二酸化炭素についても、それとほぼ同量が呼吸などによって大気中に放出されている。大気中の二酸化炭素濃度は、生物や海水などとの間での活発な移動・循環の結果として、ほぼ一定に保たれているのである。

　ところで、大気中の水（水蒸気）の平均滞留時間は10日と短い。大気中の水も活発に移動・循環している。大気が存在する惑星では、その大気の動きによって表面で物質の移動・循環が起こっている。地球はそれに加えて、表面に大量の液体の水が存在し続けてきた。その水によって表面の物質の移動・循環はさらに活発になっている。そして、水の中で生命が誕生し生物が増えてきたことにより、生物の作用による物質の移動・循環も活発になった。このように地球表面では、活発な物質の移動・循環の結果として、生物の生存に適した環境が保たれ続けてきたのである。

おわりに ——地球は水の惑星

　生命の惑星、土のある惑星、花崗岩のある惑星、プレート運動のある惑星、陸のある惑星、地球はこのように特徴づけて言われることがある。これらはどれも、表面に大量の液体の水が存在し続けてきたことによってもたらされている。単に、液体の水が存在するからというのではなく、地球のさまざまな特徴をもたらす大本に水の存在が位置づくという意味において、地球は水の惑星なのである。

　本章で示した内容は、そのままの構成で授業づくりができるというものではない。また、これだけでは宇宙に関する学習をカバーすることもできない。しかし、宇宙に関する学習の中に、これらの内容を部分的にでも適宜位置づけることは可能ではないだろうか。地球の特徴を捉えられるような学習が、少しでも子どもたちに保障されることを、筆者は願っている。

引用・参考文献

　笠原順三・鳥海光弘・河村雄行編『地震発生と水——地球と水のダイナミクス』東京大学出版会、2003年

　コペルニクス（高橋憲一訳・解説）『コペルニクス・天球回転論』みすず書房、1993年

　渋谷一夫・河村豊・小林武信・徳元琴代・北林雅洋『科学史概論』ムイスリ出版、1997年

　巽好幸『なぜ地球だけに陸と海があるのか』岩波書店、2012年

　ニュートン（河辺六男訳）『ニュートン——自然哲学の数学的諸原理』中央公論社、1971年

　松久幸敬・赤木右『地球化学概説』培風館、2005年

〈コラム5〉星の世界・宇宙を探る

　数々の研究者が、長年にわたり宇宙の謎に挑んできた。研究開発が進むにつれ、新たな発見は新たな謎を生んでいる。宇宙を探究することは、果てのない挑戦を続けることでもある。「宇宙が子どもたちの心に火をつける」。これがJAXA宇宙教育センターのモットーである。宇宙の謎は、子どもたちの好奇心や想像力をかきたて、人類の宇宙への挑戦過程は冒険心を刺激する。「好奇心」と「冒険心」のほかに、子どもたちの人生を輝かせていくためにもう一つ大事なものがある。それは、何かを作るという「匠の心」である。これらの3つの心は、子どもたち誰しもが持っているものである。その心にいったん火がつけば、大人が手助けせずとも自らの探究心を駆使して、子どもたちは知識や経験を広げていく。宇宙教育センターの活動は、その最初のきっかけづくりを大切にしている。

　私たちの体を構成する元素の多くは、超新星の爆発によって宇宙空間にばらまかれたと言われている。私たちの体そのものも宇宙の一部であり、そのように考えると、宇宙に関する学習は、私たちの生活に関する全てのものに通じている。宇宙教育センターは宇宙という素材を生かした幅広い分野にわたる活動を「宇宙教育」と捉えている。学校や社会で行われる教育活動・学習活動において、宇宙という魅力的な素材を大いに活用していただくため、JAXA宇宙教育センターは、さまざまな分野の組織・機関との連携を行い活動を進めている。学校からの希望に応じた連携授業、教員を対象とした研修などの学校教育支援とともに、社会教育事業として「宇宙教育指導者セミナー」「コズミックカ

はやぶさ　　（提供：JAXA）

地球　　（提供：JAXA）

レッジ」などを全国的に展開し、「宇宙の学校」では、親子が共に学び、家庭に帰ってからも学習を進めることができるよう企画している。また各国の宇宙機関などが参加する国際的な会議や研修会に日本の学生や教員を派遣し、その成果を積極的に地域に還元する活動を展開している。

教員研修の実施先からは、「科学技術の最先端の研究成果を活用した授業は、生徒の興味・関心を高めてくれます。しかし、教員の多くは、自分の専門分野以外には、そうした成果に触れる機会が少ないのが現状です。ですから、JAXAの方から直接、教えてもらえるこの研修は、多くの参加者から評価の声をもらっています」との声が聞かれる。また、親子で事業に参加した母親からは、「実際にやってみることで、本を読むだけでは得られない、忘れることのない体験となったようです」という感想をいただいている。

宇宙航空研究開発機構JAXAは、先導的な技術開発を行い、幅広い英知と共に生み出した成果を人類社会に展開していく使命を担っている。宇宙探究や宇宙開発で得た知識や技術を、次代を担う子どもたちのために役立てていくため、宇宙を取り入れた指導資料や学習素材をウェブサイト等を通じて数多く提供している。

教材の開発に当たっては現職の教員の協力を得ており、宇宙という素材を生かしたさまざまなアイデアが反映されている。学年と教科の単元に合わせた指導資料については、宇宙教育センターのウェブサイトからダウンロードすることができる（p.253参照）。

宇宙とのつながりを意識した活動を行うための、具体的な活動案や事例を記した指導案付き教材がある。宇宙の素材を授業の導入部に活用することで、子どもたちの知的好奇心に火をつける。学習意欲を喚起することを目的とした導入教材は、理科のみならず、国語、算数・数学、社会、技術・家庭、保健体育、美術などさまざまな教科にわたっている。魅力的な授業づくりのため、積極的に新たな指導方法を取り入れてほしい。また、教科指導のみならず、学校外のさまざまな場面における体験活動においても、宇宙を題材とした活動資料は、指導者の力量を高めることに役立ててもらうことができる。

宇宙の魅力は、大人の心にも火をつける。ぜひ子どもたちといっしょにわくわくした気持ちになってもらいたい。

（桜庭　望）

〈コラム6〉メダカの卵を実体顕微鏡で観察する工夫

　小学校5年生の理科で、メダカの卵を顕微鏡観察して脊椎動物の発生を学ぶ単元がある。この単元は、子どもたちが生命の連続性やヒトを含む脊椎動物の体がどのように形作られていくかを学ぶうえでとても意義深い。1つの細胞から成る受精卵が卵割し、その後にさまざまな組織や器官ができるダイナミックな様子を観察することは、私たちの体の形作りを学ぶうえで貴重な体験になる。

　ただし、メダカの胚は透明度が高いために、その構造を観察するには照明の当て方などに少しコツを必要とする。理科室の実体顕微鏡を使って、児童がメダカの卵を観察する際に気をつけたい点に関して以下に解説する。

　顕微鏡のステージに置いた試料に対して、照明を下から当てても、上から当ててもどちらでもよい。どちらの場合でもまぶしくない程度に十分に明るい光を当てると、体の構造が分かりやすくなる。

①卵の下から光を当てる場合

　真下から全体にべったりと均一な光を当てるよりも（図3A）、斜め下から光を当てると細胞や組織に影がつくために、体の構造が分かりやすくなる（図1）。ステージ下部に反射鏡を備えている顕微鏡であれば、鏡の角度を調整する。ステージ下部に複数のLED球が円形に並んだ照明装置の場合には、厚紙などでライトを片側塞ぐとよい（図2）。ステージから平板に均一な光が当たるLED

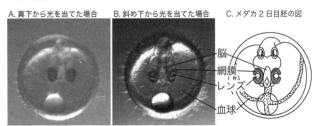

図1　斜め下から光を当てると体の構造が分かりやすい

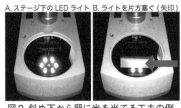

図2　斜め下から卵に光を当てる工夫の例

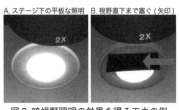

図3　暗視野照明の効果を得る工夫の例

照明であれば、いっそ視野直下まで片側の光を黒テープなどで塞いでやるとよい（図3）。この場合にはいわゆる暗視野照明の効果が得られ、暗い背景に試料を明るく浮かび上がらせて観察できる（図4Bと似た見え方になる）。

②卵の上から光を当てる場合

卵の背景は白よりも黒いほうが細胞や体の構造が見えやすくなる（図4）。

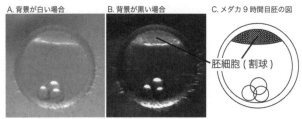

図4　上から光を当てる場合は背景が黒いと細胞が見えやすい

ステージに幅広の黒テープなどを張り付けておいて、その上に試料を置くとよい。照明装置を備えていない顕微鏡であっても、懐中電灯と小型三脚などを組み合わせた簡易照明装置を用いると（図5）、観察に十分な照明を当てることができる。

図5　簡易照明装置

顕微鏡観察の経験に乏しい小学生が生物試料を初めて見る際には、適切に観察できていない場合でも、そのよしあしは判断できない。見えのよしあしは、実習の体験的な印象と視覚的な情報量の多さに大いに影響する。そのために、少しの工夫で顕微鏡の性能を引き出し、可能な限り良い状態で観察できる環境をあらかじめ整えておきたい。

〔追記〕この単元のために参考になるweb上で入手できる資料

・NHK for Schoolのwebページ（http://www.nhk.or.jp/school/）
キーワード「メダカ」で検索するとさまざまな質の高い映像を閲覧できる。受精から発生までの映像は、「ミクロワールド：命の不思議　メダカの誕生」が参考になる。

・岩松鷹司「理科の教材としてのメダカの適切な活用：五年生の理科『メダカのたんじょう』」『愛知教育大学教育創造開発機構紀要』vol.4、2014年、pp.37-46（http://hdl.handle.net/10424/5637）
この単元のためのさまざまな知見が記載してある。特に、メダカ卵の発生の各段階を解説した美しいスケッチが参考になる。

（笹土隆雄）

第4部

生活・社会とつなげる

第10章

野生保護と環境教育から考える理科教育

はじめに

　子どもと自然の関係のゆがみが警告されて久しい。
　1960年代の高度経済成長政策を契機として、路地裏での子どもの遊びとガキ大将・地域異年齢子ども集団の消滅、地域の用水路の暗渠化、原っぱの駐車場化、集合住宅化等に伴い、日常生活空間での子ども・子ども集団と地域の自然の関係は質量ともに低下し、その傾向は、電子ゲームの普及などによってさらに拍車がかかっている。
　地域異年齢子ども集団と遊び空間が消滅し、虫や草花、野鳥、魚などへの自由で多様な接近を、子どもの遊び文化を通して獲得する道筋を、大人社会は奪ってきた。この自由で多様な接近こそ、理科教育を支える重要な原体験でもあるだろう。また、外的自然との関わりの変化の一例を挙げれば、1980年代、ある子ども劇場親子キャンプで、若い母親は「子どもは楽しそうに遊んでいますが、川のせせらぎ・虫の声・木々のそよぎがうるさくて……。早く静かな船橋の街に帰りたい」と筆者に話した。人工的空間

が自然であって、自然的空間は不自然であるような感性、いわば『沈黙の春』［カーソン、1974］が自然であるとでも言っていいような感性の出現に出会った。

　経済的効率性を価値とする人間形成社会から、存在的価値を大切にする社会へと、人間を含めた生物の持つ命との共鳴を社会全体が大切にする文化・システムの構築に向けた教育が必要であり、そのことを視野に理科教育を考えていきたい。

　以上の問題意識から本章では以下のように論を展開する。

　第1節では、環境教育とは何かについて筆者の考えを述べる。結論を先取りすれば、環境教育とは、分かって終わりではなく、現実世界にコミットし、これからの持続可能な社会に向けた、すなわち変革を見据えた、分かることと実践することの統一を目指す教育である。

　第2節では、環境教育としての野生動物保全教育について述べる。地域の野生動物との共存を目指す教育について、4つの事例紹介から、野生動物保全教育の概念規定を行う。

　第3節では、野生動物保全教育の実践事例から読み取れることを、学習者の作文紹介も交えて述べる。

　最後に、野生動物保全教育と小・中学校理科教育について私見を述べる。

第1節　「分かること」と「実践すること」の統一を目指す環境教育

　1975年ベオグラード憲章で「環境教育の目的は、環境とそれに関連する問題に気づき、そのことに関心を持ち、そして現在の問題の解決や予防のために個人や集団で働くための知識、技能、態度、動機そして参加の意欲を持つ人々の世界的な数を増やすことである」と環境教育のゴールを確定した。

　気づき・関心を持ち、問題の解決や予防に向けて働くための知識・技能・態度・動機・参加の意欲を育てる教育は、単に知識を得る教育から現

実世界の問題にコミットし解決に向けて実践することを視野に入れた教育である。

　2年後のトビリシ勧告で、環境教育目標カテゴリーとして、「認識」（…問題に対する認識と感受性…）、「知識」（…多様な経験を得て、基本的理解…）、「態度」（…価値観と感情…環境の改善と保護への活発な関与をもたらす意欲…）、「技能」（…明確に解決する技能…）、「関与」（…環境問題の解決へ向かう働きにあらゆるレベルで活発に関わる機会を提供…）という5つのキーワードが提起された。

　以上の世界的知見とともに日本の環境教育を考察するには、公害教育と自然保護教育という2つの潮流を視野に入れた発展的継承という観点が必要である。

　1997年のテサロニキ宣言で「環境と持続可能性のための教育」として環境教育の拡張がなされ、「持続可能性とは環境・貧困・人口・健康・食料の確保・民主主義・人権や平和を包含する」とされているとおり、例えば1968年熊本市竜南中学校田中裕一による「日本の公害―水俣病」授業記録の中に、環境はもちろん貧困・健康・食料の確保、民主主義・人権や日常生活における平和の問題として、すでにそれらのキーワードは読み取れ、提起されていたと言える。日本の公害教育は、テサロニキ宣言の教育的価値をすでに発見していた。藤岡貞彦は、公害教育の教育的価値は環境権の認識であるとし、関礼子は、「〈抵抗する環境権〉から〈参加と自治の環境権〉へ」（2001年）という環境権の歴史的位置づけを論じた。

　また、日本の自然保護教育の源流の一つである「三浦半島自然保護の会」（故金田平・柴田敏隆）では、採取せずに生物どうしのつながりを観察するという「生態学的自然観」（小川潔、2002年）とフィールドマナーの普及を目指し、自然観察会の手法を確立した。

　環境教育について深く論じるのは、本章の目的ではない。ここでは、環境教育とは、「環境とそれに関連する問題について、わがことのように関心を持ち、現実世界にコミットし解決・予防に向けた認識と感情・知識・態度・技能・関与を育てる教育」とする。

以上を踏まえ、図式的になってしまうが、次のような構造で「分かること」と「実践すること」を考える理論枠とする。

```
    分かること        ⇔  モラル形成  ⇔    実践すること
  ＜認識・感情⇔知識＞   ⇔     態度     ⇔   ＜技能⇔関与＞
```
出典：「トビリシ勧告」(1997年) より改変作成

次に、中村行秀とアントニオ・R・ダマシオの論を援用し、分かること、実践することの検討を加えたい。認識とは、対象の能動的反映であり、感情とは主体と対象との関係性の表出である。「感覚・知覚による認識とそれに対応する情動」「表象（イメージ）による認識とそれに対応する情念」「概念（言葉・記号）による認識とそれに対応する情操」を中村は挙げている。ダマシオは「…情動は、動物が生命を保持するために周りの変化に対して即反応できる身体変化として獲得したものであり、人間も系統発生的起源により情動を保持し、行動の選択・判断に深くかかわっている」とする。以上から、次の図式で検討を加える。

```
        認識        ⟷      情動・感情
  （対象の能動的反映）　（主体と対象との関係性の表出）
     感覚・知覚      ⇔    情動 → 判断・行動のエネルギーとなる
     表象（イメージ）  ⇔    情念
     概念（言葉・記号） ⇔    情操
```
出典：[中村、1989/ダマシオ、2003] より作成

直接体験による認識は情動を耕し、判断・行動のエネルギーとなる。感覚・知覚による認識と概念による認識によって、対象がより正確に豊かに表象（イメージ）化されることを「分かる」とする。

以上のような分かり方において、モラル形成はどうなされるのか。戸坂潤は「道徳の観念」[戸板、1966] において、概略次のように述べている。

> 科学的認識は個人のレベルまでは探究できるが、自己一身上の問題は探究できない。自己一身上のモラル・道徳を探究するのは文学であり、文学的認識である。実験的・技術的な検証性を持つ存在の体系は科学的概念であり、意味を含んだ体系への飛躍には空想力（想像力・構想力）とか誇張力とかア

> クセント機能とかが必要である。こうして象徴的な気質を持たされた科学的概念は、これまでの科学的概念ではなくて、文学的表象・文学的影像である。自分についての体系は、文学にはなっても科学的—実証的・技術的—理論とはならない。科学的概念と文学的影像との関係、科学と文学との関係の内に、モラルなるものが横たわる。モラルとは自己一身上の問題である。個人であるだけでなくまさに「自分」だということによって、この社会の問題はしょせん社会問題や個人問題としてではなく、彼の一身上の問題となる。ところが一身上の問題はかえってまさに社会関係の個人への集積の強調であり、拡大であった。科学的概念が文学的表象にまで拡大飛躍することは、科学的概念がモーラライズされ道徳化されヒューマニズムされることだ。この概念が一身化され自分というものの身につき、感能化され感覚化されることだ。文学的表象はその現実的肉体として、社会科学的概念をその中核に持っていなければならなかった。真に文学的モラルは、科学的概念による認識から、特に社会科学的認識から、まず第一に出発しなければならない。

　科学的体系を意味の体系にするうえでの文学的認識の重要性を引き取り、科学的認識アプローチ・文学的認識アプローチによる、対象認識・関係認識を耕し、当事者性・他者性理解を促す教育という観点から野生動物保全教育を考察する。

　実践することをめぐる考察は本章では省略するが、地域の野生動物との共存に向けた教育では、学習者である子ども・青年が意見表明し、ステークホルダーとの合意形成から、各関係者との協同により学校・地域環境をより良く変えていく原体験をする教育の重要性を指摘しておく。

第2節　環境教育としての野生動物保全教育

　本節では、4つの野生動物保全教育実践事例の概略を紹介し、環境教育としての野生動物保全教育について論じる。

【事例１】東京都心部におけるトンボとの共存を探る教育実践

　東京都荒川区・墨田区という一人当たりの緑地面積が都内23区中最下位のエリアで、プールのヤゴを救出し、飼育・観察を行い、羽化後子どもたちが「トンボ探検隊」を組織し、保護者とともに区内の水辺探しを実施、市民団体「下町みどりと仲間たち」の市民運動によって造られた公園（水銀垂れ流し事件により工場移転した旭電化工場跡地によみがえった下町・隅田川の湿地の原風景を残した公園で、市民運動により造られたトンボと共存する「都立尾久ノ原公園」）を探し当てた小学校５年生の教育実践である。

　この実践事例では、①地域をつくる主体は誰か、②地域環境をつくる民主主義的手続きとはどのような手続きか、③トンボと共存するオルターナティブな地域環境観・これからの都市環境について、という３点を学んだ実践である（［大森, 2004］等参照）。

【事例２】シマフクロウの森づくり100年事業

　野生動物が自立して生活できる地域環境保全活動としての「虹別コロカムイの会」（舘定宣会長）によるシマフクロウのための森づくり事業。植樹活動参加による北海道標茶町虹別中学校の体験学習で、絶滅危惧種シマフクロウを守る地域環境保全活動に参加している実践事例である。毎年５月、西別川流域の植樹活動（2015年は５月17日、22回目の実施）への参加と事前学習・事後学習を行っている。事前学習は、対象であるシマフクロウについて釧路市動物園学芸員木村久美子さんのレクチャーおよび筆者による「皆さんがやっていることについて」のレクチャー（2014年）や、舘定宣会長による「シマフクロウを保護しようとする人たちの取り組みや思い」を聞く（2015年）など、事後学習は「感想文を書く」を実施している。

　地域野生動物保全活動と学校環境教育が連携する教育活動を組織する虹別中学校の実践では、①異年齢中学生グループ４～５人で実施する植樹作業という体験活動を通して、地域や全国から参加している人たちとの交流や植樹作業の仕方について学ぶと同時に、②対象であるシマフクロウにつ

いて学ぶ、③保全している地域の人々から学ぶ、④中学校の先輩方のこれまでの成果を発展的に引き継ぎ、「今までの植樹エリアについて」「シマフクロウの個体数の向上」等を知ることによって、自分たちの活動を振り返り、学習者である中学生はエンパワーメントされ、地域環境を創る主体形成がなされていく。

【事例３】幼小中高一貫ヒグマ学習

　ヒグマとの共存を目指す知床半島羅臼町教育委員会と知床財団による「幼小中高一貫ヒグマ学習」である。

　1999年9月「ヒグマフォーラムin羅臼」会議で、「毎年防災訓練が義務づけられているが、ヒグマと遭遇する危険性のほうがはるかに大きい。ヒグマへの安全な対処法を学び訓練するのは、重要な防災訓練の一つ」ではないかという発言を契機に考えられ、ヒグマの生態を知り、ヒグマとの無用なトラブルを起こさないことを目指して始められた。世界でも有数の高密度ヒグマ生息地であり、「1000km^2当たり300頭」「東京ドーム7個分の面積にヒグマ1頭」「1km^2当たり0.3頭」である。ちなみに、羅臼町の人口密度（1km^2当たり）は14.5人である。幼小中高一貫ヒグマ学習は、ヒグマとの遭遇を避けるため、①生ゴミ・海産物などを、ヒグマが食べられるようなところには置かない、②観光客などに対して「ストップ餌やりキャンペーン」を進める、③「あさはゆき」（＝あわてない・さわがない・はしらない・ゆっくり下がる・きちんと知らせる）による対処方法の普及という「安全確保、人身事故の防止」学習を第一に、「ヒグマについての知識を深め、知床のヒグマについてよく理解する」「ヒグマ調査などの体験を通じて科学的自然観を身につける」など「知識理解を深める」学習と、「世界有数のヒグマ生息密度をもたらす地元知床の自然を理解し郷土の自然を誇りと思い、ヒグマを知ることで自然への畏敬・自然環境を大切にする気持ち」を育てる学習を行っている。毛皮・頭骨・糞サンプルなどの入った「トランクキット」を使用して、実物に触れながら授業を進めている（[金澤、2014] 参照）。

【事例4】「イリオモテヤマネコ保全教育推進」プロジェクト

沖縄県竹富町西表島における「イリオモテヤマネコと暮らせるプロジェクト」（NPOトラ・ゾウ保護基金・戸川久美理事長、竹富町教育委員会）による西表島全小中学校での実践である。

2012年6月、上原小学校全児童（45名）に対して朝礼で話をする機会が設けられたことから始まった。現在、全小・中学校（小学校4校、中学校2校、小中学校2校）で実施されるようになっている。「絶滅危惧種イリオモテヤマネコの生態を学び、絶滅の危機の原因の一つに交通事故があることを知り、児童生徒が自発的に、保護者などへのスピード制限の理解を促すこと」を目指した。2015年9月現在、上原小学校4年生「総合的な学習の時間」で、地域住民有志による夜間の車のスピード制限を促す車での見回り活動「ヤマネコパトロール」に参加し、その体験から自分たちの問いを育て探究し、12月に保護者・住民に発表する授業や、大原中学校生徒が、夏休みに地元住民や西表島大原港に来る観光客に、①来島の目的、②イリオモテヤマネコについて知っていること、③スピード制限キャンペーン等のアンケート調査を行い、中学生による地域住民へのアピールを進めている。この実践事例は①交通事故で毎年、多い年で7頭のイリオモテヤマネコが死亡している実態を学ぶ、②イリオモテヤマネコの交通事故と生態（エサ・子育て・隠れ家・繁殖・縄張り）について学ぶ、③イリオモテヤマネコと暮らせる島について考える、等を学びの柱にしている（[岡村、2014] 参照）。

以上の実践事例を踏まえ、野生動物保全教育についていくつか紹介する。
①地域の生態系の上位に位置する野生動物を保全することにより、地域の生態系を守る教育である。
②現時点の野生動物保全教育では、保護することと駆除することを学ぶ。
③保全活動を通じて、野生動物との共存を進めていく。
④学習者は、生態学的知見を基礎とした科学的認識により、対象である野生動物を認識する。

⑤学習者は、対象である野生動物との関係認識を獲得する。関係認識とは、生物進化を経て共にこの地域に暮らすという歴史的認識（進化史）と、今、共に暮らしているという同時代的認識（地域の生態系）を耕すことである。人間社会がどう関わってきたのか、過去・現在を比較し、未来を展望することが大切である。

⑥対象認識と関係認識を豊かに耕し、対象に対する他者性理解と対象に関わろうとする当事者性理解を統一して獲得する。

⑦他者性と当事者性理解の統一によって、学習者の保全活動の意欲を育てる。

⑧対象と学習者の関係を耕し、保全活動の意欲を育てるために、科学的認識を中核とした文学的表象を育む。

⑨子どもの保全活動は子どもの社会参画であり、共に地域を創る教育として実践を進める。

⑩子どものナチュラルさを、外的自然との交感、共同性、社会性を核に育み、これからの地域社会のあり方を批判的・協同的・探究的に学びながら、主権者として社会を創る「活動知」［大森、2004］を含む政治的リテラシーを育む。

第3節　子どもの成長・発達と野生動物保全教育

(1) 怖さをコントロールする認識を鍛える（【事例3】）

(指導者である知床財団職員による「ヒグマ学習」。2015年6月11日11時～12時、羅臼幼稚園参観)

ヒグマの全身毛皮を見た園児たちは、怖い、歯がとがっている、爪がすごい、大きい、黒い、人を食べる、と口々に叫び、怖がった。感覚・知覚による認識は、怖いという情動を促す。

それらが、「問題グマ」「人馴れグマ」の報道により、ヒグマという対象

のより正確で豊かな認識をゆがめ、「人を食べる」、怖いという情動だけが人の行動を作用する要因となる。

　指導者は、子どもたちに「木の実やフキの葉っぱを食べるため、みんなと同じように奥の歯は平らです。見てください」「魚を食べたりするので歯がとがっています」「アリの巣を掘ったり、穴を掘ったりするために爪がとがっています」「臆病なので、人を襲うことはありません。でも、突然出会ったりすると、ヒグマもビックリしてしまいます。音や声を出して、『人がいますよ』と知らせます」とヒグマの全身毛皮、布で作成したアリ、ドングリ、フキを見せ、触らせながら説明していった。

　ヒグマはヒグマとしての暮らしをしていくための体のつくりがあることを、言葉による説明と、より正確に観察させる指導から行った。

　これは、感覚・知覚による認識が、怖さという情動を促したことに対して、言葉による認識の耕しを行うことによって、正確なヒグマの表象（イメージ）化を行い、感情に働きかけ、怖さをコントロールする力としての認識への働きかけと言える。

```
感覚・知覚　⇔　情動（怖い）　⟹　　判断・行動のエネルギー
表象（イメージ）の形成
　　⇧　指導者の働きかけによる怖さをコントロールする認識を育む
概念（言葉・記号）
ヒグマの生態を教える科学的認識アプローチによる対象理解を促し、表象に作用し感情に働きかける。
```

（2）絵本による文学的認識アプローチから働きかける（【事例3】）

　指導者は、「森の木の実などを食べている野生動物の絵本」の読み聞かせに続き、観光客の捨てた食べ物の味が忘れられず、とうとう街中に出て射殺される『しれとこきょうだいヒグマ　ヌプとカナ』［あかし、2008］の読み聞かせを実施した。なにげない人間の行為がヒグマを死に追いやってしまうことを、ヌプとカナというきょうだいヒグマを主人公に描いた絵本

である。

　主人公のヒグマの世界に寄り添って深く感情移入され、ヒグマの立場からヒグマと人間世界の関係性が理解され、ヒグマを対象にした認識の当事者性が耕される。野生動物の身になって考える文学的認識アプローチと言える。ヒグマにはヒグマとして生きる体のつくりや生活があるという他者性の認識を耕す科学的認識アプローチとその野生動物の身になって考えるという当事者性の認識を耕す文学的認識アプローチから学習者に働きかける［大森編著、2015］。

(3) イリオモテヤマネコのロールプレイゲームをする（【事例4】）

　　（イリオモテヤマネコの生態学的知見に基づいたロールプレイゲームをすることで、その身に寄り添う当事者性理解を促しながら他者性理解を育み、イリオモテヤマネコと自分・社会の関係認識を豊かにする）

　このロールプレイゲームは、ロープを体育館の床に張り、道路とする。道路には、車役の教師が動き回り、タッチされるとそのイリオモテヤマネコ（中学生）は、ゲームから外れ、所定の場所で待機する。母猫、子猫、縄張りを持つ定住猫、縄張りを持たない放浪猫それぞれの生態学的知見に基づく行動パターンを書いた指令書に従って、中学生は、道路を横切り動き回る。タッチされないように行動するときの気持ちを体感し、イリオモテヤマネコの生態と道路・車の関係を体験的に学ぶ。このゲームを創るときに、岡村麻生さん（元環境省西表野生生物保護センター・西表島在住）の調査・研究によるアドバイスがあった。このように、野生動物保全教育実践ではその動物の生態学的知見が欠かせない。

　以下、竹富町立船浦中学校全校生徒（2015年10月6日、1時間40分「総合的な学習の時間」）の授業後の作文からいくつか紹介したい。それぞれの作文からは貴重な学びの様子が読み取れるが、紙面の都合から、ロールプレイゲームに関わる部分を紹介する。

・今日は、ヤマネコの1年間の動きを体験しました。エサのある場所にたどり着くにも必死だということもわかりました。ヤマネコは毎日毎日エサを

取りに行くにも危険を伴っていることを改めて知りました。なので、大人になっても車を持ったときに、スピード表示の看板を気にかけて、スピードを考えたいと思います。
・車で走っているとき、40km/h や 30km/h で走っていると嫌になってくるけど、イリオモテヤマネコのためこれからもがんばっていきたいです。
・交通ルールを守り、私たち人間だけがいいように生きるのではなくヤマネコの事、自然の事を考え、行動し、まわりの人にも呼びかけてイリオモテヤマネコを守っていけたらいいなと思いました。

（4）地域の具体的な動物の生態系を学ぶ（【事例4】）

　一般的な生態系について学ぶのではなく、可能な限り地域の具体的な生き物のつながりについて対象となる動物を軸に学ぶことの大切さを、(3)の作文からいくつか紹介する。

　具体的な地域の生態系に関する知見は、地域の研究者からのアドバイスを基に、学習者の発達段階に合わせて、より細かく正確にという順序性がある。

・僕はこれまでイリオモテヤマネコのことを知っていることもありましたが、今日初めて知ったこともあります。それは縄張りをつくること、音なしで泳ぐことができること、雄の縄張りの面積は雌の縄張りの2個分すっぽりと入ってしまうこと。
・今日の授業で初めて、ヤマネコがカエルや毒を持っているハブ、固いカニを食べるのを知ってビックリしました。人間が食べるもののカニや手長エビとかもヤマネコが食べているのにとてもびっくりしました。また、ヤマネコは環境のバランスが一つでも崩れると生きるのが大変なのを知り、それでもヤマネコが絶滅をしていない西表島の環境はスゴイと思いました。

（5）地域社会は野生動物をどう考えているのかを知る（【事例4】）

　ここでは、竹富町立大原中学校で、夏季休業中に生徒が大原港に来る観光客および地域住民にインタビューしたことに関する作文を紹介する。

> レンタカーは、半数以上が40km/h以下で運行してくれているのに対し、その他の車は41km/h〜50km/hが最も多く、41km/h〜60km/hで半数ほどになります。なぜレンタカーのほうが安全で、私たち住民はスピードを出すことになったのでしょう。…観光客は…ほぼ全ての人がイリオモテヤマネコを知っていました。たぶんヤマネコが出るか、という期待をしている、あるいはヤマネコのためにゆっくり走っている、のどちらかで、そのため、40km/hを守る人が多いんだと思っています。その他の車…ここに住んでいる人だと思います。…

(6) 過去の野生動物と人間・社会の関係を知り未来を展望する（【事例4】）

これからの地域環境を主権者として創る子どもたちに、地域の野生動物との関係性を知り、未来を展望する教育に関わる作文を紹介する。

> イリオモテヤマネコが昔食べられていたことは、今では考えられないことであり、とても驚いた。今、イリオモテヤマネコが置かれている状況は、私たち人間の車などによってとても幸せとは言えないが、環境が保たれていることによって生き延びている。イリオモテヤマネコと私たちがこれからもずっと共存していくため、この環境を保ちイリオモテヤマネコのことを今までより意識して生活していきたい。

事例1や事例2からも、上記のような子どもたちの言説は発見できるが、本章では省略する。

おわりに

いじめ、自殺、命の軽視など子どもをめぐる諸問題に対して、「進化史を通じて人類の存在の根本を形成している諸性質」「"内なる自然"」［河合、1990］が、外的自然との交感および人間どうしの「共同性・社会性」［尾関、1995］を求めるのに対し、それに逆行するような外的自然との断絶と過度な競争・孤立・自己責任という人間社会のあり方の転換を視野に入れておく必要がある。野生動物保全教育は、外的自然である野生動物を保全する

課題教育であり、子どもと野生動物の交感を促し、協同的・探究的な教授＝学習過程を生み出しながら、地域の生態系の保全につながる生態系の上位に位置する野生動物との共存に向けた学びと、子どもが協同的活動主体として社会参画する地域生態系と地域社会の持続可能性に向けた教育である。

　子どもの発達にとって、野生動物保全教育を創造することの重要さは、子どもの「ナチュラルさ」［小原・岩城、1984］に根ざした成長・発達を促すことにある。子どもの「ナチュラルさ」は、社会化された自然の中で人間化するヒトの"内なる自然"を中核とした高次の人間の自然性であり、外的自然と内的自然の相互作用による統一である。協同的活動主体として、ナチュラルさという視点を前提として外的自然を創造していく過程で、子ども自身が教育される。社会化された自然（外的自然）の中でしか人間化しない人間の自然性の形成を高次に捉え直し、社会をつくり変えることを統一していくことが問われている。野生動物の具体的な姿を知ることによって、自然像や自然観の土台が形成され、自然を体現する野生動物との関わり方が、自然との共存という考え方や行動の基礎形成となる。地域の野生動物との共存を目指す新しい地域文化を生み出し、これからの持続可能な社会を共に創る教育は、人間のナチュラルさに依拠する人間的自然さの社会的構成に向けた現代的・歴史的な教育となる［大森編著、2014］。

　最後に、小・中学校理科教育に関わって、教材の野生動物を中心とした地域の生態系を学ぶことをぜひ取り入れてほしい。地域に棲息する野生動物を教材化し、地域の生態系を具体的に学ぶことは、地域環境保全を担う主権者形成を視野に入れる環境教育（ESD）につながるだろう。

引用・参考文献

　　あかしのぶこ作・絵『しれとこのきょうだいヒグマ　ヌプとカナのおはなし』財団法人知床財団、2008年

大森享『小学校環境教育実践試論──子どもを行動主体に育てるために』創風社、2004年
大森享編著『野生動物保全教育実践の展望』創風社、2014年
大森享編著『環境教育/ESD絵本試論』創風社、2015年
岡村麻生「イリオモテヤマネコの生態と保護活動」大森享編著『野生動物保全教育実践の展望』創風社、2014年
尾関周二『現代コミュニケーションと共生・共同』青木書店、1995年
小原秀雄・岩城 正夫『自己家畜化論』群羊社、1984年
カーソン，R.L.（青樹築一訳）『沈黙の春』新潮文庫、1974年
金澤裕司「知床ヒグマ学習」大森享編著『野生動物保全教育実践の展望』創風社、2014年
河合雅雄『子どもと自然』岩波新書、1990年
ダマシオ，A.R.（田中三彦訳）『無意識の脳 自己意識の脳』講談社、2003年
戸坂潤『道徳の観念』（『戸坂潤全集』第4巻）勁草書房、1966年
中村行秀『哲学入門──生活のなかのフィロソフィー』青木書店、1989年

第11章

大自然による災害と理科教育

はじめに

　「天災は忘れた頃にやって来る」（寺田寅彦）の名言は死語になったのだろうか。1993年7月「北海道南西沖地震」（死者・不明者230名）、1995年1月「阪神・淡路大震災」（同6437名）、2004年10月「台風23号による土石流」（同99名）、2005年12月「豪雪」（青森県酸ヶ湯453cm、同152名〔同年・全国〕）、2010年8月「猛暑による熱中症患者」（2万8448名）、2011年3月「東日本大震災」（同1万8456名）、2014年8月「広島豪雨土砂災害」（同75名）、2014年9月「御嶽山噴火」（同63名）、2016年4月「熊本地震」（同82名）など、近年、大自然による災害が頻発し、さらに被災害規模の大型化で、誰もが忘れるどころの状況ではない。

　こうした自然災害からいのちを守るために、理科教育はいかに接近できるのだろうか。子どもたちが自然の猛威に目を向け、災害の発生にいち早く気づき、避難行動をとることができるためには、どのような科学的認識や資質・能力の形成を図るべきなのだろうか。

第1節　自然災害を規定する3要素

1. 自然災害はどのように規定されるのか

　2015年9月9日、太平洋上の台風17号付近より、台風18号から変わった温帯低気圧に向かって大量の暖かい湿った空気が流れ込み、上昇気流が発生して多数の積乱雲が次々と発生した。その結果、関東地方北部から東北地方の南部にかけて線状降水帯の出現となり、鬼怒川上流の日光市付近一帯は24時間に550mm前後の集中豪雨となった。10日、気象庁は栃木県、茨城県に、翌11日には宮城県に大雨特別警報を発令した。鬼怒川の4つの洪水調整ダムは、継続的に水量調整作業を実施したが、この豪雨により茨城県常総市付近で鬼怒川が決壊、浸水や家屋の流失が相次ぎ、死者8名、24万人に避難指示、約315万人に避難勧告が発令された。

　この集中豪雨災害を振り返ると、①災害をもたらせた自然のメカニズム、②防災・減災対策としての人間・社会の取り組み、③自然災害が発生した土地の特徴、の3つの自然災害を規定する注目点が浮かび上がる。これを自然災害を規定する3要素と言おう。

2. 自然災害を発生させる自然のメカニズム

　大自然による災害発生のメカニズムを、マクロの視点から大局的・構造的に捉えてみよう。日本列島はユーラシアプレート、北米プレート、太平洋プレート、そしてフィリピン海プレートの4プレートの遭遇点に位置している。太平洋プレートは、北米プレートとフィリピン海プレートの下へ約8～10cm/年で、フィリピン海プレートはユーラシアプレートの下へ約4cm/年のスピードで沈み込んでいる。

　水を含んで沈み込こんだプレートは、ある程度の深さに達すると、上位のマントルのかんらん岩に水を供給し、かんらん岩が溶けてマグマとなっ

て上昇し、それが地表部に達すると火山となる。こうしてプレートが沈み込む日本海溝と平行して火山帯がつくられる（→火山災害）(**図1**)。

また4つのプレートが集中し、継続的に押し合う日本列島周辺では、地殻変動が活発である。その結果、岩盤の破壊である断層の動きによって地震が発生し、世界でも有数な地震の震源地帯になっている（→地震災害）。

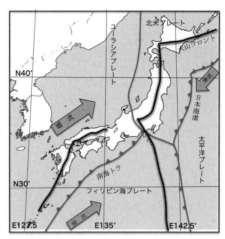

図1　日本列島を取り巻く大自然の姿
(筆者作成)

地震は発生のメカニズムによって、①深発地震（沈み込む海洋プレートと大陸プレートの境界、深さ100〜700kmで発生。プレート境界型ともいう）、②海溝型地震（プレートの沈み込みに伴い引きずり込まれた陸のプレートの跳ね上がりで発生。震源域は海溝に沿い、周期性があり巨大地震になることもある）、③プレート内地震（地殻の浅いところで活断層の活動で発生、周期性を持つ。震源が浅いため被害が大きく直下型地震、内陸型地震ともいう）の3つに分類される。

列島には背骨のように急峻な山脈が発達し、急流な河川は盛んに侵食・運搬・堆積作用を行い、海岸線付近に狭い軟弱地盤の沖積低地を形成している。大多数の人々は、その狭い平地や起伏に富む丘陵地、そして山地にへばりつくように生活している（→洪水、液状化等地震災害）。

また地方によっては風化が進む花こう岩地帯や、緩い傾斜を持つ未固結地層の地滑り地帯など、非安定地盤や急傾斜地が広く分布している（→土砂災害）。

太陽放射熱の供給が減少する冬期には、大陸から極度に冷やされた寒気が吹き出し、暖流の日本海を渡りながら水蒸気の供給を受け、さらに山脈にぶつかり列島の日本海側に大雪を降らせる（→豪雪災害）。夏期には北西

太平洋海域で発生した台風が偏東風に乗って西進し、北緯30°付近からは偏西風に押され、太平洋高気圧の縁に沿って日本列島を襲う（→台風災害）。

こうした日本列島の地理的・地質的環境は、私たちに豊かな自然環境をもたらすと同時に、自然災害を生み出す大自然の変動帯であることを教えてくれる。

3. 人間・社会の防災・減災への取り組み

人類の歴史は自然災害との闘いの歴史とも言える。近年、防災・減災対策が地域社会でも進展しつつあるが、こうした取り組みに対し教育現場での活用は十分ではない。

まず第1は、災害の歴史や防災・減災のための文化施設・記録の活用である。「稲村の火」で有名な浜口梧陵記念館、根尾谷地震断層観察館、有珠山ジオパークなど全国各地にさまざまな施設がある。また各地方の郷土史等にも過去の災害記録が多く残されており、それらの活用が待たれる。

第2は、津波防潮堤、河川の護岸改修、避難所の設置、ハザードマップの作成等、自然災害からいのちを守り安全を高めるための国や自治体等の取り組みが行われている。これらの現状を知り、活用することである。とくにハザードマップは確定的なものではなく、現地での活用をふまえて改善されていくべきものである。

第3は、自然災害に関わりICT技術を通した情報の活用である。近年、気象衛星やスーパーコンピュータの高度化により、台風や集中豪雨などの動きに関し予測能力が大幅に向上した。またそれを伝えるマスコミの果たす役割も大きくなった。地震のP波とS波の到達時間差を利用した「緊急地震速報」、降雨時の「土砂災害警戒情報」、「特別警報」等、災害を取り巻くICT環境が大きく変化している。

最新情報を受け取るためのICT活用リテラシーの問題も大きくなっている。災害の進捗状況を的確に把握し、早急な避難行動につなげるために、XRAIN（river.go.jp）や気象庁各警報等（jma.go.jp）などにアクセスし、使

い慣れておく必要がある。

4. 自然災害が発生した土地の特徴

　ある限定された地域内では、災害に弱い場所と比較的安全な場所がある。
　人間は言葉を介して思考し理解するように、土地の特徴は地形図の読み取りを通して理解が深まる。地形図には、その土地の標高、傾斜、河川の形状、地形の広がり等、さまざまな情報が掲載されている。
　現在の土地の姿は、人間・社会の活動による自然改変をも含め、その土地の長い地質学的自然史を反映して私たちの前に現れている。地形は山地、丘陵地、扇状地、段丘、低地、湿地、人工改変地などに分類される。分類された地形は、その形成過程が推定できるため、災害に対する強い場所か弱い場所かの判断がおおよそ可能になるのである。

節　地域で自然災害の発生を予測する

1. 自然の猛威の範囲をつかむ

　自然の運動には大きさや強さがあり、その度合いによって、自然の猛威の影響を強く受ける範囲とそうでない地域が発生する。
　台風や豪雨など気象系災害の場合は、気象庁の防災情報や気象衛星写真などの画像情報を通して、およその影響範囲を知ることができる。しかし土石流や河川の増水に関しては、上流域の単位時間降水量、土砂災害危険箇所を含む流域の傾斜や形状、そして時間経過を考慮して影響範囲を知る必要がある。
　地震の影響では、地震の規模（マグニチュード）と震源地からの距離によって、ほぼ同心円状に震度が決まる（震源が深いと、例外として異常震域がある）。ただし同じ地域内でも、地盤状況の差により震度が異なる場合

第11章　大自然による災害と理科教育　171

が生じる。

　火山活動の場合は、火山周辺地では溶岩流や火砕流を、降灰の際は風下側の広範囲に影響が及ぶ（九州の姶良火山の火山灰は北海道にも降灰）。いずれも、最新情報の獲得がまず重要である。

2. 地域での災害弱所を把握する

　自然の猛威の影響は、地域の地形・地質環境と人間・社会の災害に対するハード対策により、比較的安全な場所と災害に弱い場所が現れる。それらを事前に科学的に見極めておくことが、安全避難を確かなものにする。

　地形・地質の視点から見ると（表1）、洪水災害の危険性は河川の周辺で、また水はけの悪い低地は浸水の弱所となる。さらに中国地方の花崗岩風化地帯や新潟県の地滑り地帯、あるいは未固結火山噴出物地帯では、土石流や地盤災害の可能性が高い。また傾斜が30°以上、高さが5m以上の斜面では、土砂災害の発生確率が高い。

　地震の揺れによる建築物の倒壊や液状化災害は、共に軟弱地盤で起こりやすい。軟弱地盤は約1万2000年前以降の完新世に形成されたもので、多くが海岸に開けた標高15m以下の沖積低地と、谷地形や旧河道を河川の堆積作用で新しく埋められた平地でできており、人工的な造成地も同様である。水を含んだ砂の地盤は、振動によって水が分離し地盤が液状化する。過去にその土地が砂の堆積する環境下（川沿い、旧河道、自然堤防の縁など）

表1　自然による主な災害と発生地域の特徴

	自然現象	災害(二次)	情報内容	災害発生確率の高い地域
気象系	豪　雨	洪水、土石流	警報、避難命令	河川周辺、低地、風化地帯
地震系	揺　れ	がけ崩れ(洪水)	緊急地震速報 震度情報 マグニチュード 震源の深さ 大津波警報	崖：傾斜30°以上高さ5m以上 揺れ増大：標高15m以下沖積低地、埋立て地、埋積谷
地震系	液状化	(火災)		
地震系	地盤変位	隆起・沈降 活断層		特定不能(未解明点多し) 参考活断層地図(未発見断層有)
地震系	津　波	(火災)		湾内、河口、海岸線、河川の下流
火山系	噴火・降灰	(土石流)	噴火警報	火山周辺、(火山周辺河道)

（筆者作成）

であったか、あるいは人工的に砂を多く含む埋め立て地などの場合には、液状化現象が起こりやすい（図2）。また、急傾斜地では揺れによる土砂崩落もある。

近年、火山活動の活発化に伴い、47火山で常時監視活動が続けられている（2016年）。しかし現段階では、いつ、ど

図2　液状化で浮き上がったマンホール（釧路）

の火山で火山活動が再開するかは、ほとんど不明である。火山周辺地域では、火山監視情報の把握が重要である。

このように自然災害は、地域的な地形・地質の特性と深い関連性を持っている。まず地域の地形・地質的特徴を把握し、災害弱所がどこにあるかを認識することが、理科で防災・減災教育に取り組む場合、特に重要な視点である。

居住地域の土地の特徴は、まず地形図で調べよう。「地理院地図」で検索すれば、全国各地の地形図が無償で提供されており、2.5万分の1の地形図をダウンロードしよう。科学的な地形図情報を有効に利用すれば、84名もの犠牲者を出した石巻市大川小学校のような悲劇は起こるまい。

第3節　災害発生予測力を高める授業づくり

1. 防災教育における理科教育の役割

図3は地震災害を例として、①発生前の段階、②発生時、③発生直後、そして④災害からの復旧、の各段階に対応して、A：災害発生予測力の形成、B：防災・減災のための行動準備、C：防災・減災行動、そしてD：被害の減少・軽減のための措置、などの教育課題が発生する。このように防災・減災教育は、各教科横断的・総合的な面を持っている。一つの組織体である学校では、各教科の専門性を総合的に生かすことで、安全性の高

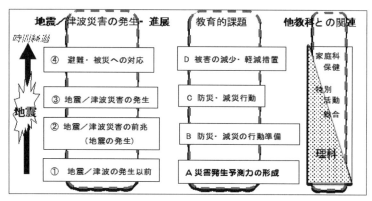

図3　地震災害を例とした発生経過とそれに対応する教育課題および関連教科
（筆者作成）

い防災・減災教育の構築が可能となる。

　この中で理科教育の主要な役割は、地域での自然災害の発生を科学的に予測する力の形成である。災害を誘発する自然現象は、必ず科学的な論理や法則に基づいている。被害を最小限度にとどめるには、いち早く自然災害の発生を科学的に予測し、安全な場所への避難行動に踏み切れる資質・能力の形成が第一である。災害発生の初期段階で、理科教育の果たす役割は極めて大きいと言わざるをえない。

2．防災・減災教育にどう取り組むか―中学校―

　自然災害の発生を科学的に予測し、安全な場所への避難を考え、判断し行動まで移す能力を目指す授業を構築した。そのために、第1節で述べた自然災害を規定する3要素の①自然災害を発生させるメカニズム、②人間・社会の防災・減災への取り組み、③自然災害が発生した土地の特徴、のうち、①は理科第二分野の授業で扱う。②、③は学年末扱いの「自然と人間」の一部と、「総合」の時間を活用し、4時間扱いで構成した。

（1）第1次：地域の土地の特徴をつかもう

　まず、2.5万分の1地形図の見方（上が北、1cmは250m、数字は標高を示

し、等高線間隔は10m）の学習である。また居住地周辺のめぼしい建物や学校の位置などを確認する。さらに、土地の高低差や広がり状況をつかみ、川を青色鉛筆で塗る。

次に、図4のような等高線が混んでいる地帯を含む地形図の一部分を配布し、

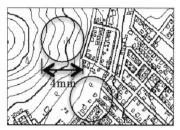

図4　地形図上の傾斜比較
(国土地理院2.5万分の1地形図を使用)

土地の傾斜を考える。透明ラップに直径4mm（実長100m）の円を描き、地形図上に重ね、円内の等高線本数で傾斜を考える。6本（傾斜約30°）以上の場合には崩れやすい崖である（地質により4～5本でも要注意）。急傾斜地帯があれば、赤色で塗る。また、湿地、沼地、海岸、河川付近あるいは標高15m以下の沖積低地の軟弱地盤を探す。生徒たちは標高地点を探し出したり、色塗り作業は誰もが好きである。地形図を読み解くための一歩先の視点を与えると、謎解き気分で向かっていく様子が分かる。

最後に、第2次の現地調査に向けて3～4人のグループを作り、校区内を6～8程度に分け調査分担地区を決める（休日に取り組むことも視野に入れる）。また、地域の過去の災害について古老に聞いたり、ネットや図書館で地域の災害記録など調べる課題を出す。

(2) 第2次：地域の自然災害弱所を探そう

第1次で学習した内容を、現地で地形図と照らし合わせ、さらに災害時に危険性が高い場所を予測し、地形図上にチェックする学習である。事前に教師が校区内を巡り、観察ポイントとなる地点を押さえ、観察上の注意点を確かめよう。教師にとっても、現地でたくさんの発見があるに違いない。不明点は、調べたり専門家にも聞こう。

持ち物として、地形図、色鉛筆、デジカメ、方位針、記録用紙を忘れないように気をつける。現地ではまず方位を確かめ、地形図上での現在地の確認が常に重要である。生徒たちの地形図の読み取り違いや、目立つ地形や建物と地形図表示との一致作業に時間がかかった。川の流速や急斜面の

傾斜度を考える場面では、等高線の混みぐあい、他地点との比較等、一歩先の観点を示し、各自の考えと地形図上の表現とを丁寧にすり合わせ、土地の実体認識を深めることに努めた。

(3) 第3次：危険性の高い場所を予測しよう

　各グループで調べた内容の発表会である。拡大した地形図上のポイントを明確にしたうえで、なぜ危険なのか写真を交えた説明や、古老に聞いた話などの発表もあった。「ここは川が急なので、増水したとき流される危険がある」「この一帯は崖が急なので、大雨の際、土砂崩れの可能性が高い」「50年ほど前に大川が洪水になり、その後、川の改修と護岸工事が行われた、と郷土史に書いてあった」「河畔公園の近くは、川に沿って市街よりも一段低い土地があり、洪水のとき最初に浸水すると思う」——狭い河岸段丘を現地で発見した報告である。「昔この付近は川の流れを利用したくさんの水車が作られ、米をひいていたと本に書いてあった」。

　各発表内容の重要部分は校区内の自然災害マップとして、一つの大きな地図に集約した。

(4) 第4次：災害時の避難行動計画を立てよう

　現地では調べきれなかった軟弱地盤、旧河道を埋めた造成地など、教師の調査内容も含めた校区内の自然災害マップを作成した(**図5**)。それを基に、避難方法を考える学習である。自宅の位置と避難場所を印し、災害時の避難経路を各自で考えた。

　日常の通学路でも、途中、危険箇所に近づく場合もある。何人かの発表を通して、災害発生の根拠を議論し、各自の判断を待った。

　帰宅後、プリントを基に家族との話し合いを呼びかけた。すると「ふだん、この小川は水も見えないほどの川だが、大雨の後、急に増水し暴れ出すことがある。川はふだんから注意深く様子を見ることが大切だ」と、生徒が古老の話を伝えてきた。学習が地域へ広がり、さらに膨らんで戻ってきたのである。

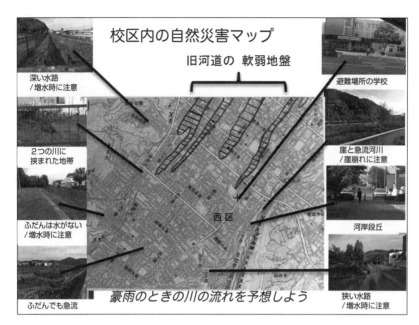

図5　校区内の自然災害マップ（国土地理院2.5万分の1地形図を使用）

3. 自然を介した継続的な観察記録—小学校—

　前述した取り組みは、小学校高学年であれば同様の実践は可能である。学校規模や地域によって、学級担任制の小学校のほうが取り組みやすい場合もある。

　古老の話のように、自然災害を捉える目は、日常的な自然観察の積み重ねが土台である。自然体験が乏しい今日の状況下で、人間の生存が自然の営みや変化と深くつながっていることを実感できるよう、自然の変化を日常的・意図的に捉えていく取り組みが必要である。

　古くから実践されてきた「かわりだね　はしりもの」「生活気象」など、毎朝の学級活動時のコーナーで、自然の様子を語り合う時間を紹介しよう。

　「今日ひなたにフクジュソウが咲いているのを見つけた」「大雨が降って道路の端が小川のように流れていた」「テントウムシが窓にいっぱい寄ってきていた」——こうした毎朝の発表を受けて、意見交流するものである。

その記録を1年間まとめると、地域の自然の変化が見えるようになり、季節に伴う変化の予測もできるようになる。「イチョウの葉が黄色くなってきた。去年の記録より1週間早いので、今年は冬が早いのだろうか」。

さらに、観察したことを基に短い日記を付け、自然認識を高める実践もある。言葉による表現を通して、身近な自然への関心を高め、その変化に気づくとともに、自然災害に対して主体的に向き合う力が備わってくるのである。

生活日記より　雨だれ　　　　　　　　　　　　　　Y.T（5年）

　もう3月になった。このごろは太陽の日が強くなり、やねから雪がとけて雨のように、雨だれがおちる。この雨だれを見ていると、春が来たなと感じる。つい最近のことだが、ネコヤナギの芽を見た。それを見た僕は、ほんとうに春なんだなあと思った。この雨だれを見ているとさびしいような気がした。雪がとければスキーも乗れなくなる。冬の次は春、というのはあたりまえのことであるけど、でも何だかさびしい。

　　　　　　　　　　　　　　　　　　　　　　　　　　　　（筆者の実践より）

4．自然災害に関わる認識の発達

　自然災害に対する認識も、他の自然認識と同様に、低年齢時からの自然との原体験がベースである（表2）。

　感性を通して受け入れた自然情報は、言葉による表現を通して自然への認識を深めていく。自然災害では、言葉による表現とともに地形図の読みが加わり、さらに現地での子どもたちどうしの認識のすり合わせ作業も重要となる。その際、教師の一歩先の観点提示も大きな役割を果たす。そうした身体を通した現地体験と学習を土台にし、さらにICTの活用により、自然災害に関わる空間・時間的理解を含め、より一般化された高度な科学的認識へ発展していくと考えられる。

表2 自然災害に関わる基礎知識の発達過程

自然災害にかかわる基礎認識の発達過程		キーワード
ICT	R3 →[地形図／空中写真／古地図／地質図]→ R4	一般化／空間・時間／高度技術化
学校・地域	A／B／C／T →[自然／地形図／観察 ことば すり合わせ]→ R3	すり合わせ（比較・調整）／一歩先視点／発表・質疑／共通認識
学校	R1 →[自然／地形図／観察 ことば 表現]→ R2	ことば／地形図／数値／空間
家庭・学校・地域	R →[自然／体験 観察 ことば 表現]→ R1	自然の中で／観察／ことば／表現

（筆者作成）

おわりに

「理科は暗記科目である」と答える学生が多い。自然の猛威を弱めることはできないが、知識を生かし行動に発展させれば、かけがえのない尊い人のいのちを守ることができるだろう。暗記で終わる理科から、災害に強い生かせる理科へと高めていただきたい。多くの子どもたちのいのちを守るために。

引用・参考文献

NHKスペシャル取材班『釜石の奇跡　どんな防災教育が子どもの"いのち"を救えるのか?』イーストプレス、2015年

田中実「自然災害と防災教育」『中学校理科教育実践講座—理論編3』ニチブン、2003年、pp.279-285

田中実「霜の害を調べる」地学団体研究会編『くらしと環境』(自然をしらべる地学シリーズ5) 東海大学出版会、1982年、pp.92-97

二宮洸三『防災・災害対応の本質がわかる本』オーム社、2011年

稲むらの火の館—濱口梧陵記念館
http://www.town.hirogawa.wakayama.jp/inamuranohi/kinen.html

XバンドMPレーダ雨量情報 (XRAIN) (高頻度、高分解能雨量情報)
http://www.river.go.jp/xbandradar/index.html

気象庁ホームページ (気象、火山、地震、津波の各関連警報等) http://www.jma.go.jp/jma/index.html

国土交通省ハザードマップポータルサイト (河川浸水洪水、土砂災害、地震災害、火山防災、津波浸水・高潮、液状化の各ハザードマップ)
http://disapotal.gsi.go.jp/

国土地理院ホームページ (地理院地図、土地条件図、明治前期の低湿地等)
http://www.gsi.go.jp/kikaku/kihon-joho-1.html

産総研ホームページ (地質図、火山、活断層)
https://gbank.gsj.jp/seamless/

第12章 学外との連携による理科教育の創造

はじめに——本物を体験させる

　現在、教科における学びが改めて問い直されている。「課題を創造し、その課題を既有の知識を活用して協働的に解決する力」といった高次な能力の育成のために、教科の学びはいかにあるべきだろうか。すでに小学校の理科においては、各学年で重点的に育成する問題解決の能力を「比較（3年生）」「関係づけ（4年生）」「条件制御（5年生）」「推論（6年生）」と整理し、「実感を伴った理解」をキーワードに、科学的に調べる能力や態度、科学的な見方や考え方を養う取り組みが充実している。今後は中等教育においても、学びの成果が実生活で生かされている場面や、その領域の専門家が知を探究する過程を、生徒が主体的に追体験するような授業がよりいっそう求められるであろう［石井, 2015］。では、そのような学びを実際にどのように創造するか。この章では、その足がかりとして「外部との連携」を取り上げる。

第1節　学外の人材や組織・施設との連携

1. 子ども自身が知の探求者となる学びのプロセスと学外連携

　「子どもたちが、根はフィルターの働きをしていると言っているのですが、これって生物学的に正しいのでしょうか？」2008年告示の学習指導要領が先行して実施された時期に、旧知の小学校教員（S先生）から大学の研究室に電話があった。小学6年生の「水の通り道」の単元で、次のような取り組みをしたという。

　定番の「植物に色水を吸わせてどこが染まるかを見る」という実験を行おうとしたところ、子どもから「花瓶に挿した花も水を吸っていると思うので、根が付いているものと付いていないもので、色の染まり方を比べたい」という意見が出た。すると、「葉も切り取った植物でも比べたい」「根も葉も切ったのも比べるべきだ」と発言が続いた。教科書にはそのような実験は書かれていないし、結果がどうなるかも分からない。しかし、そこは日頃から「子どもの思いを実現する」ことを教育のモットーにしているS先生、4種類の状態の植物を準備し、赤い色水に浸けて実験をすることにした。実験前、子どもたちは全員一致して「水は根から取り込むものだから、根が付いている植物のほうが良く染まる」と予想した。さて、結果は…？

　予想に反し、根が切除された植物体のほうが、根の付いている植物よりもよく染まった。子どもたちは、方法を間違えたのではないかなどと喧々諤々。そのうち、ある子どもが「根が付いている植物は、色は付いていないけどしおれてはいない。だから水は吸っているんじゃない？」と思いついた。そもそもこの単元は、水切れでしおれた状態の植物が、水やり後に葉の先まで「ピン」と張りを戻す様子を見せて、「根から取り込まれた水は、どこを通って体の隅々まで運ばれるのだろう？」と課題を持つところからスタートしたのだから、ある意味、もっともな考えである。こうなる

と子どもたちの思考は一気に加速し、「根は水を吸っているけど、色の成分は吸わない。根がないと水といっしょに色の成分も取り込む。これって、根がフィルターの働きをしているってことだ！」という結論にたどり着いた。

　子細を聞いた私の答えは「そのとおり！」。無傷な根の外から物質が道管の中にたどり着くには、少なくとも2回細胞膜を通り抜けなくてはならない。根の維管束の周囲に内皮という組織があるためである。水や肥料分といった植物にとって必要な物質は細胞膜を通り抜けることができるが、現在実験で用いられている色素（食用色素や切り花着色剤で用いられている色素）は通り抜けられない。色水に根をつけた植物が染まるのは、土から掘り上げる際に生じた根の切断面に道管が露出し、そこから色水が直接入り込むからである。したがって、教師や子どもの思いとは裏腹に、根を傷つけないように大切に扱った植物ほど染まらない。

　選択的な物質の取り込みは生物の基本的な特徴の一つであるが、2009年改訂の学習指導要領では、高等学校の「生物基礎」における「細胞膜の選択透過性」として初めて扱われる。それだけ本質的な学びを、子どもたちは「目の前の現象」を基に自分たちの力で展開したのだ。これはまさに、子どもたちが知の探求者となった姿と言えるであろう。

　このような学びは、一教師の研鑽によって実現することも可能であるが、学外の人材や組織・施設と連携することによってハードルが下がるものや、価値が高まるもの、初めて実現できるものもある。S教員が学習指導要領や教科書の、さらには自分の専門性の枠にとらわれずに、子どもの思いに寄り添うことができるのも、「外とつながる」という選択肢が常に用意されているからであろう。S教員は、電話の内容を関連資料とともに子どもたちに伝え、子どもたちは、自分たちが導き出した結論が学問的に妥当性があることに大いに満足したとのことである。

　多様な人や組織が連携して教育に関わっていることを知ることは、それ自体が、子どもに連携の有効性を実感させたり、キャリア教育につながる場合もある。教師一人でも指導できる学習内容であっても、良い外部素材

（人材・組織・施設）と出会った際には、ぜひ理科の学びの中に取り込み、「連携の威力」が子どもに伝わるような工夫も行ってほしい。

2. 連携先を探す

理科の学習内容と日常生活との関わりや、その分野の先端研究については、仕事等で日常的にそれらと関わっている人を「ゲストティーチャー」として招き、子どもに直接話してもらったほうが効果的な場面が多々ある。その分野でのさまざまな体験から生まれる「語り」は臨場感があり、子どもの興味や関心をかき立てると同時に、教師自身の学びや意欲につながる。「連携先を探すのは大変」と思うかもしれないが、以下のことを参考に魅力的な連携相手を探してほしい。

身近なところでは、学校内の用務員や養護教諭・栄養教諭、子どもたちの保護者の中に適材がいる可能性は十分ある。学校近隣の住民なども発掘先の一つである。教師自身が、ふだんから周囲の人々とのコミュニケーションを大切にし、アンテナを張りめぐらせていれば、「そのことについて、もっと知りたいです。子どもたちにも話してやってください」という場面が必ず出てくるはずである。子どもにとって身近な人の意外な一面を発見したり、授業後も毎日の生活の中でゲストティーチャーと接することは、理科の学びを子どもの日常に呼び込む効果が高い。

とはいえ、身近なところから適当な人材を探し出せない場合はどうするか。博物館（動物園、水族館、植物園、科学館等を含む）、大学、研究所、さらには警察署、消防署、気象台、水道局、消費者センター、企業、NPOなどの施設や団体への授業依頼も現在ではよく行われており、積極的に学校との連携に取り組んでいる団体もある。以下、博物館や地域の人材、企業との連携について、具体的に取り上げてみたい。

第2節　学外との連携の具体例

1. 博物館との連携

　科学系の博物館には、豊富な生体や標本資料、展示物があるだけではなく、学術的な調査研究の成果、それらを生み出す調査研究手法や体験活動を通じて科学を分かりやすく伝えるためのノウハウが蓄積されている。博物館の利用の目的には「子どもの科学への興味・関心を高める」というものが当然あるが、理科における利用を考えた場合、年間指導計画や単元指導計画の中での必然性を、教師が明確に意識することが重要である。幸いなことに、博物館は学校教育との連携をさまざまな形で提案しており、例えば、「授業で使える！　博物館活用ガイド――博物館・動物園・水族館・植物園・科学館で科学的体験を」(国立科学博物館、2011年)には、小・中学校教員による実践報告も含めた15のプログラムが、学校で計画を立てる際の注意点や、さまざまな連携の様式の解説とともに紹介されている。プログラムの中には、「イルカ骨格標本組み立て授業」のように、骨格標本や遠隔授業用の機材の貸し出しによる「博物館との連携ならでは」といったプログラムから、「燃やしてみよう！　酸素と二酸化炭素を実感しよう！」といった、ともすれば教科書どおりの実験で済ませてしまいそうな単元を対象としたものまであり(単元の配当授業時間例や授業の展開例もある！)、実際に連携するかどうかは別として、教材観・指導観を広めるうえでも一読の価値がある。また「教員のための博物館の日――先生が子どもに戻って博物館を楽しむ日」(詳細は、http://www.kahaku.go.jp/learning/leader/mdayt)

教員のための博物館の日（学校向け学習支援活動の紹介）
写真提供：国立科学博物館

という、教師に博物館に親しみを持ってもらうこと、博物館の学習資源を知ってもらうことを目的としたイベントが、各地の博物館で毎年開催されている。こちらも、「連携」という形だけでなく、さまざまな授業のアイディアが得られるのは間違いない（理科の授業における博物館の具体的な利用については、194ページのコラム7「博物館での学習を充実させよう！」を参照いただきたい）。

2. 地域の人材との連携による自然体験学習

　子どもたちは自然のフィールドの中で、さまざまな事物・現象に出会いながら探究することで、それらに内在する科学的基本概念を形成することができる。また、児童生徒自身が、それまでの体験・経験の中から課題を見いだし、解決方法を探る、というプロセスを重視する理科の授業においては、自然体験は課題を見つける場であり、また学びを定着させる場にもなる。自然体験が少ない子どもは、課題を見つけ出すこと自体が困難である。現在、学校以外の公的機関や民間団体が行う自然体験活動への小学生の参加率は、どの学年でもおおむね低下している（内閣府『平成25年版子ども・若者白書』http://www8.cao.go.jp/youth/whitepaper/h25honpen/b1_03_02.html）。それだけに、学校における自然体験活動の取り組みが重要になっているが、「ある学校に赴任し、周囲の自然を調べ、活動場所（フィールド）や移動経路について熟知する頃には、次の学校に異動する時期になってしまう」と嘆く教師もいる。学年ごとに活動の種類、したがって活動に適した場所が異なるという事情もある。このように、自然体験活動の実現は「引率のための人員確保の困難さ」「指導者の知識・経験不足」等の理由から、教師だけで実現するにはハードルが高いのが現状である。そのときに連携したいのが、学校近隣の住民である。地域との連携は、教科教育の充実という観点だけでなく、学校が目指す教育目標を地域の人々と共有するという意義もあり、取り組む価値は高い。ただし、忘れてはならないのは、自然の持つ情報はとても多いため、児童生徒の興味の対象が分散してしまうこと

があるということである。理科の授業として行う場合、学習のねらいを踏まえ、何を目的として自然と触れさせるのか、何を観察するのか等を連携者や児童生徒と共有し、目的意識を持った自然体験を展開する必要がある。近隣住民との連携には、学校ボランティアの活用をはじめさまざまな方法があるが、以下に紹介する東京都日野市の環境学習サポートグループ「ひのどんぐりクラブ」の活動システムは、教職経験者も参加してつくり上げたものであり、汎用性が高く、連携者との打ち合わせの中で、また、連携の有無とは別に、自然体験学習メニューを考えるうえで活用してほしい。

　東京都日野市で活動する同団体は、2007年の発足以来、小・中学校の総合的な学習の時間や理科・生活科の授業や、子ども会、保護者団体、科学クラブのイベントにおける出張授業などさまざまな形で子どもの自然体験学習をサポートしており、2014年度の活動回数は85回、支援対象となった子どもは小学生を中心に延べ7396名にのぼった。支援内容は、先方からの要望に添って柔軟に応じているが、団体として支援メニューを小冊子にまとめて市内17の各小学校に配布、さらには団体のWebサイト（http://www.hino-donguri.com）で公開し、依頼しやすい環境を整えている。現在公開しているメニューは「たんぽぽのふしぎ」といった、小学校2年生の国語や生活科に関わるものから、水中生物や冬芽、クモの観察、天気図づくり、とバラエティに富んだものが27種用意されている。各メニューには、①子どもたちに伝えたいこと、②実施時期、③実施場所、④対象学年、⑤関連教科、⑥時間数、⑦事前準備、⑧当日の準備（材料・道具等）、⑨当日の流

「水中生物の観察 ガサガサ」における学校での説明と、フィールド（多摩川の支流浅川）での活動

れ、⑩備考、の解説項目が用意され、支援を受ける側の準備や、事前・事後指導の目安となっている。多摩川の河原での「水中生物の観察　ガサガサ」の活動を行う場合、日野市環境情報センターに所属するコーディネーターが、学校近くの適当なフィールドを事前に視察し、日程や活動時間を学校側と調整する。その際、フィールドと学校の間の移動についての安全指導や、採集道具の準備の学校側と団体との分担、さらには、悪天候の場合、あるいは思ったように生物が観察できなかった場合の対応、といった実務的なこととともに、活動の目的をどこに設定し、事前・事後の学習や当日の展開をどのように行うかについての打ち合わせをする。また、採取した生き物の扱いや、外来生物の説明といった自然の捉え方、自然とのつきあい方に関することも議論する。教師自身にとって、自分の自然観、あるいは学校の自然体験に関する指導方針がどういったものか、あらためて向き合い、考える場になっていると思われる。協同して課題を解決する力、多様性を尊重する力、自己を振り返り表現する力、そして新たなものを創造する力、といった次世代教育で養成すべき力を教師自らが発揮する良い機会ではないだろうか。

3. 企業との連携

現在、多くの企業が「企業の社会的責任」(coorporate social responsibility : CSR) を果たすために、出前授業をはじめとするさまざまな教育支援活動を積極的に行っている。ここでは,「地球環境への配慮」「防災と災害支援」「地域貢献活動」を重点分野とし、事業特性を生かした多様な学習機会を継続して提供している戸田建設株式会社の活動のいくつかを紹介する。同社は、環境省浮体式洋上風力発電実証事業委託業務として日本初の商用規模浮体式洋上風力発電施設を長崎県五島市椛島周辺海域に建設し、2013年から運転を開始した。この事業を教材として、小学校やESD関連のイベント等で風力発電のしくみや浮力の原理を伝える取り組みが行われている。他にも、事業所や家庭で不要となった食用油から製造したバイオ

BDFで稼働するフォークリフトや浮体式洋上風力発電を教材化した、小学生を対象とした授業
（左 松戸市立松飛台小学校、右 松戸市立牧野原小学校）写真提供：戸田建設株式会社

　ディーゼル燃料（bio diesel fuel：BDF）を建設機械の燃料として使用し、カーボン・オフセットに活用する取り組みを教材化し、本社の近隣にある中央区立城東小学校やBDF製造所のある松戸市の小学校で授業を実施している（http://www.toda.co.jp/csr/communication/society.html）。

　戸田建設のCSR部門の担当者は「子どもたちに建設業の活動の意義を正しく理解してもらうことを願って誠意を持って取り組んでいる」と話してくれた。「企業」というと教育的な配慮をどこまでしてくれるのか心配な場合もあるが、話し合いを重ねる中で「企業側の真意」が分かれば学校側、教師側も安心して連携ができる。「総合的な学習の時間」が設置されることにより、一時期企業による講師派遣が盛んに行われるようになったが、「学校教育の視点」が欠けていたために長続きしないものが多かった。そうならないためにも「取り組みの目的」や「期待する教育効果」に関して連携先と合意形成を確実に行い、信頼関係を築いたうえで実践に臨むことが肝腎である。

　企業が提供する教育プログラムを紹介するサイトの一つに、キャリア教育支援団体「キャリア教育プログラム開発推進コンソーシアム」のWebサイト（https://www.career-program.ne.jp）がある。同サイトでは、企業28社が提供する教育プログラムを「関連する教科」「テーマ」「対象とする学年」「企業名」「キーワード」等から検索できる。連携や授業づくりのアイディアを得るために活用できるであろう。

第3節　世界とつながる環境測定

1. 正統的周辺参加という学び

　人が何かに取り組む際、その取り組みの意義や、この先どのような取り組みにつながり、自分がどのように成長できるのかが明らかな場合、意欲は高まり成果を上げることができる。レイブとウェンガーは文化人類学的手法を用いて、リベリアの伝統的な仕立屋で働く徒弟の学習過程を分析し、「徒弟は失敗してもやり直しのきく周辺的な仕事から実践共同体に参加し、生産活動の実質的な担い手として共同体に受け入れられ、熟練者の仕事をみてよい仕事とはどういうものかを緊張感を持ちながら学んでいる」と特徴づけた。彼らはそれ以前の「個人が頭の中に知識や技能を獲得する過程である」という学習観に対し、このような「学習者が実践の共同体の成員として実際の活動に参加し、参加の形態を徐々に変化させながら、より深く共同体の活動に関与するようになる過程（正統的周辺参加 Legitimate Peripheral Participate）」を学習だと捉えた［レイヴ＆ウェンガー、1993］。現在、学校現場においても子どもに社会的実践の現場（自治体や企業での取り組み、さらには学校の運営現場も含まれる）をかいま見させ、そこへ参加させる中で学びを構築する方法が模索されている。

　理科においてはどのような取り組みが可能であろうか？例えば「学校」を社会的実践の現場として捉えた場合、子どもが学校の電力消費の内訳等を調査し、「省エネ」プランを考え、その実現に向けて学校の運営会議で議論する、あるいは廃液処理等の実験室管理マニュアルを開発する等、教師が教科の内容の学びの意義を意識していれば、「状況」に応じたさまざまな参加方法が考えられるであろう。

　ここでは、地球規模、世界規模の「正統的周辺参加」の例として、「環境のための地球学習観測プログラム（Global Learning and Observations to Benefit the Environment：GLOBE）」を紹介したい。

2. GLOBEプロジェクト

「環境のための地球学習観測プログラム」は、全世界の幼児・児童・生徒、教師および科学者が相互に協力して環境観測や情報交換を行う、学校を基礎とした国際的な環境教育のプログラムであり、①人々の環境に対する意識の啓発、②地球に関する科学的理解の増進、③生徒の理数教育のレベルを高めるための支援、を目的として掲げている。

本プログラムは1994年のアースデイ（4月22日）に、アメリカのゴア副大統領によって提唱され、米国商務省海洋大気庁（NOAA）や米国航空宇宙局（NASA）が中心となってアメリカに事務局がつくられた。2015年8月現在、参加国は現在115カ国であり、世界で約2万4000の学校が、大気、水質、土壌、土地被覆、生物季節等に関する観察・観測活動を展開している。日本は1995年から活動に参加し、文部省（現在：文部科学省）を中心とした指定事業「環境のための地球学習観測プログラムモデル校指定事業」では、2年ごとに小学校から高等学校までの全国約20校（2015年度は15校）を指定し、資金的な援助やグローブの主旨や理念、調査・観測方法や情報交換のためのデータ入力法等に関する講習会や協議会を行っている。また、指定校以外の参加学校を募集し、「オープン参加のための講習会」も開催している。

プログラムに参加した学校（グローブ校）の児童生徒（グローブ生）は、地球や地球システムがどのように機能しているかを学んだうえで、学校およびその周辺地域で環境測定を行い、データをインターネットでグローブ本部のスチューデントサーバーに送信する。送信されたデータは解

2006年第10回グローブ年次会議（タイ プーケット）における広島県呉市立渡子小学校の発表
写真提供：グローブ日本事務局

析・図化され、WWW上に、ランドサットなどによる最高・最低気温、降水量、植生指数などの衛星画像とともに公開される。各グローブ校はこれらの画像やデータを取得し、自分たちの観測データと比較することができる。グローブの科学者はグローブ生の観測結果を自身の研究に利用するとともに、他の科学者にもデータの使用を奨励する。そのため、グローブ生たちはグローブティーチャーの下で、科学的な方法で、科学的に価値のあるデータを収集するという責任を負う。

　これまで日本の小学校や中学校では、大気や水質に関するテーマに取り組む活動や、環境や環境問題に関する調査を複合的に行う活動が主に行われてきた。これらの活動成果は、国立オリンピック記念青少年総合センターで開催される「グローブ日本　生徒の集い」やグローブ参加国で開催される国際会議（「グローブ年次会議」や「国際生徒会議」）で児童生徒自身によって発表される。これまでには、国際会議で日本の小学生が英語で発表し、拍手喝采を浴びるという場面もあったそうである。

　中学校における実践では、山本格が「グローブティーチャー」として4校で11年にわたりヒートアイランド観測等の取り組みをコーディネートし、埼玉県のCO_2排出削減活動への参加につなげたものや、埼玉県越谷市立富士中学校におけるユネスコ協同学校（ASP、現ユネスコスクール）の認定を受け、ロシア連邦サラトフ州第一物理工学学校と都市環境における生物の調査や日本における絶滅危惧種であるキタミソウ（*Limosella aquatica*）の調査を協同で行った取り組みなどがある（詳細は、[山下ほか編、2014] や同団体のWebサイト http://www.fsifee.u-gakugei.ac.jp/globe/about/index.html を参照願いたい）。

おわりに ── 連携の効果を高めるために

　現在、企業が料金を取って、総合的な学習の授業や教科の単元を丸ごと請け負うようなケースもある。しかし、どのような場合においても「子どもの学びの責任は自分が持つ」という矜持とそれを保証する専門性を常に

高めていく姿勢を、教師は持っていなければならない。第1節で紹介したような専門家から情報を得た場合でも、その情報の妥当性をあらためて自分で調べ、学習者の状況に応じた形に「教材化」して扱うことが大事である。また、連携による取り組みが終了した後は、実践の成果や課題を連携者に伝えることが、連携者のモチベーションを上げ、次の連携を生み出すきっかけになる。感謝の気持ちをこめて、事後の授業や連携者への対応を行ってほしい。本章で述べてきた連携を行ううえでの課題に関しては、東京都内の小学校の総合的な学習の時間におけるゲストティーチャーの活用の実態調査を基にした研究［平野、2007］を参考にした。

引用・参考文献

石井英真『今求められる学力と学びとは——コンピテンシー・ベースのカリキュラムの光と影』（日本標準ブックレット No.14）日本標準、2015年

国立科学博物館『授業で使える！博物館活用ガイド——博物館・動物園・水族館・植物園・科学館で科学的体験を』少年写真新聞社、2011年

平野朝久「総合的学習におけるいわゆるゲストティーチャーの役割と課題(1)」『東京学芸大学紀要　総合教育科学系第58集』、2007年

レイヴ, J. & ウェンガー, E.（佐伯胖訳）『状況に埋め込まれた学習——正統的周辺参加』産業図書、1993年

山下脩二・樋口利彦・吉冨友恭編『環境の学習と観測にもとづいたグローブプログラムの理論と実践——学校における観測活動から地球と地域の環境を考える』古今書院、2014年

〈コラム7〉博物館での学習を充実させよう！

　学校の理科の授業は、自然と子どもとをつなぐメインの時間・場であり、そのとき、教師は自然と子どもをつなぐ人である。そして、学校と教師ばかりが自然と子どもの仲介者ではない。その一例として、博物館や科学館などの社会教育施設（以下、博物館と表記）がある。

　博物館の利用というと、学校が学年単位などで訪れる団体利用、子どもが休日に家族や友達と訪れる個人利用が思いつく。この2つは博物館利用のメインである。

(1) 博物館見学の課題

　学校の教員を数年でも経験すると、博物館見学を一度は引率することになるのではないだろうか。その時のことを考えてほしい。もちろん充実した見学になることが多いのだが、ときに次のような声も聞く。

- 館内を児童が走り回って、注意に終始した
- ワークシートを作って持たせたが、あっという間に解答してしまい、時間をもてあました
- 展示の解説が難しくて子どもたちは読んでも理解できず、ただ書き写すことになってしまった
- たくさんの展示があり、時間内では見きれず、いちばん見てほしかったものを見られなかった児童がいた

など、枚挙にいとまがない。

(2) 事前学習を充実させる

　これらの「反省」を全て解決する魔法のような方法はないが、かなり効果的な対策として「事前学習の充実」が考えられる。博物館見学は、事後に「見学新聞」を作ったり、作文を書いたりという、いわゆる「まとめ学習型」が多い。しかし、上記の反省の多くは、

- 何を見たらいいのか分からない
- 展示してある物の予備知識がない

博物館見学の事前学習を行う筆者。博物館で見られるものを事前に解説しておくのもよい。

・穴埋め式のワークシートから一歩踏み込んだ課題が設定されていない
・展示物を見る優先順位が決まっていない

など、博物館を見学する前に、どれだけ展示内容に興味・関心を深めておけるか、そして具体的な見学方法を決めておけるかが重要であることを物語っている。

　この考えには、必ず「事前学習をやりすぎると展示を見たときの感動が薄れる」「知っているものを見にいってもつまらないのではないか」という意見がつく。では、大人の場合で考えてほしい。

　例えば、「○○特別展！あの○○が本邦初展示！」などの博物館の宣伝を見て、大人は何が展示されるか分かっていても、それを見たくて行列してまで見学に行くのである。「その展示品に興味・関心があり、実物を見てみたい、自分が予想しているものと違いないのか確かめてみたい」という動機であろう。これは、子どもたちも同じで「そうかこれが理科の時間に学んだ恐竜の化石なんだ」「（プラネタリウムを見て）そうか、星が北極星を中心に回転するとはこういうことなんだ」と学校で学習したことを基に見学することが博物館見学を充実させるポイントになってくる。そして、実物を見ることによって（あるいは、科学実験をしたり、体験をしたりして）、新たな発見をして、別な疑問を感じることもあるだろう。この「学習の進化・発展」は、展示物（実験・体験なども含めて）に対して興味・関心を持って接近したから得られたことであり、「サッと見ただけ」「展示物の名称をワークシートに記入しただけ」ではなかなか難しいだろう。

(3) 事前に博物館側とよく相談しておく

　また、博物館には学芸員という自然（展示）と子どもの仲介者がいる。博物館によっては学芸員に限らず「展示解説員」であったり「解説ボランティア」であったりするが、教室での教師同様、子どもたちと自然の橋渡しをしてくれる。そのために、教師が、事前に見学の意図（学習のねらい）を博物館側によく伝えておくことは、見学当日の支援を得るうえで非常に有効である。

　最近では、博物館の利用方法も多様化している。行くばかりの見学ではなく、資料貸し出し、学芸員の出前授業、学校の長期休業中に行われることが多い教員対象セミナーなど、博物館を第二の学校とするための活用法はまだまだたくさんありそうである。

（伊東大介）

〈コラム8〉野草・虫・鳥の名前が分かる

　校庭の雑草や昆虫、野鳥の名前が分かったら、どれほど野外観察が行いやすいだろうか。学習指導要領の改訂により、中学校で行われてきた校庭や学校周辺の生物の観察と同様の内容が小学校でも実施されるようになった。積極的に生き物の名前を教え込まなくてもよいが、教師が名前を知っていれば子どもの質問に答えられ、下見で危険な生物を見つけることもできる。そこで、名前を調べるための写真の撮り方と、使いやすい図鑑やネット図鑑を紹介する。

(1) 写真の撮り方

　最近は、撮った写真を基に、図鑑で名前を調べたり、オリジナルの図鑑を作ったりといった活動も多い。この際、写真の撮り方により図鑑での調べやすさが大きく変わってくることは、あまり認識されていない。ここで、主に植物と昆虫についての撮影法を紹介したい。

　①植物写真では、花や葉の入った全体像の写った写真の他、花、葉、茎など、各部分の拡大写真を撮影する。これにより、花弁や雄しべの数、葉のヘリのギザギザ（鋸歯）の有無、葉脈の配列、茎からの葉の出方（互生・対生・輪生）といった、図鑑で調べるために必要な要素（形質）を記録することができる。また、写真には定規や自分の指などをいっしょに写しておくと、植物各部分の大きさが分かって便利である。

たんけんバックに白いプラ板を載せて撮影。葉の大きさ・形がよく分かる。

　②昆虫の場合、素早く逃げる種類が多いため、初心者が撮影する際には、捕まえた昆虫を透明なビニールやプラスチック容器に入れて撮影するとよい。このときも写真に定規を写し込むと体長がわかり、図鑑で調べるときの参考になる。撮影するときは、図鑑の絵や

チャック付きビニール袋に入れて撮影。袋が光を反射しないように角度を調整。

写真と同じ方向から撮ると調べやすい。

　③野鳥の写真は超望遠レンズが必要なこともあり、初心者には難しい。ただ、夢中になる子どもも多く、また、最近のデジタルカメラには、600mm以上の超望遠ズームレンズがついている機種もあるので、そうしたカメラが学校にある場合はぜひチャレンジしていただきたい。

ケース越しの撮影。ケースにレンズを近づけないと、昆虫ではなく、ケースの表面にピントが合ってしまう。

(2) 図鑑選びのコンセプト

　大きな書店に行くと、たくさんの図鑑が並んでいる。図鑑にはそれぞれ得意な分野があるので、目的に合った図鑑を見つけたい。

　①校庭はどこの学校でも似た環境であるため、そこに生息・生育する生き物の種類も似ている。したがって、校庭のような環境にいる生き物に絞られた図鑑を選ぶとよい。

　②名前調べでは、写真や採集した実物を横に置いて調べることが多い。したがって、図鑑の写真も生きている姿のものがよい。

(3) お勧めの図鑑・図鑑サイト・図鑑アプリ

　野草図鑑・『形とくらしの雑草図鑑』岩瀬徹著、全国農村教育協会
　　サイト・『野草雑草検索図鑑』斎木健一・天野誠・林延哉
　　　　http://chiba-muse.jp/wf2014/
　樹木図鑑・『葉で見分ける樹木』林将之著、小学館
　　サイト・『樹木検索図鑑V1.0』千葉県立中央博物館
　　　　http://www.chiba-museum.jp/jyumoku2014/kensaku/
　昆虫図鑑・『日本の昆虫1400①②』槐真史編、文一総合出版
　　サイト・『昆虫エクスプローラ』川邊透
　　　　http://www.insects.jp/
　野鳥図鑑・『見る読むわかる野鳥図鑑』箕輪義隆絵、日本野鳥の会
　　アプリ・『日本の野鳥鳴き声図鑑』エンウィット（ipod Android対応）

（斎木健一）

〈コラム9〉理科授業でのICT（情報通信技術）の活用法

　文部科学省の推奨などにより、教育の情報化が近年加速度的に進んでいる。しかしICT活用のイメージがわかない、機器の操作が難しそうであるという心配があると、授業での活用に消極的になってしまう。しかし実際は、簡単な準備で授業の魅力を高めることができるので、その方法を紹介したい。

(1) ICTの準備

　ICTを授業で活用する初歩は、画像や映像を提示することであろう。電子黒板（大画面テレビ）やプロジェクター・スクリーンがそのために必要な機器である。電子黒板は移動や設置場所に制約はあるが、電源を入れるとすぐに使用できるので、準備の手間は少ない。輝度も高くHDMIケーブルで接続すれば音声も簡単に出力でき、さらに設定しだいでは画面に直接書き込むことも可能である。プロジェクターは設置場所に比較的融通が利き、より大きくも提示することが可能であるが、スクリーンの設置や調整が必要であるうえ、音声出力に別途スピーカーが必要であり、教室の照明を暗くする必要もあるなど、少し使いがってが悪い面もある。

　一方、提示機に接続することになるのが、ノート型やスマートフォンを含むタブレット型のパソコン（PC）、実物投影機やデジタルカメラなどである。PCは、画像や音声を伴った映像（DVD）を提示したり、デジタル教科書の画面、PC内のソフト、LAN環境が整っていればインターネットの画面を提示できたりと、幅広い活用が可能である。ただし、本体やソフトを起動させることに多少の時間が必要なことは考慮しなければいけない。それに対し実物投影機やデジタルカメラを直接接続すれば、ほぼ電源を入れるだけの操作で準備は整う。提示できる内容には限りがあるが、余分な機能がない分、とてもシンプルに取り扱えるので、抵抗感も少なく授業に取り入れることができる。

(2) ICTを取り入れた授業の例

①教師が資料映像や画像の提示に使う

　資料となる画像や迫力ある映像を提示することは、生徒にとっても興味深く感じられるものであり、インパクトを与えられるものである。単元によっては簡単に観察・実験できないこともあり、そのような単元

教師が電子黒板で説明

ほど活用の効果は大きい。

スマートフォン等で撮った自作の映像記録やDVDは教師が手軽に意図的に準備できる。デジタル教科書には、教科書内の図版だけでなく資料となる映像も収録されているため、資料映像を探す手間も省けることになる。

②教師が観察・実験操作の説明や演示実験の提示に使う

観察・実験を行う際に生徒に正しい操作方法を示して説明する場面や、演示操作で実験を提示する際、教師の操作や実験の様子をライブ映像として生徒に提示すれば、着席したままの状態でも全生徒にしっかり提示できるので、とても効果的である。この操作を応用すれば、紹介したい生徒のレポート作品などを提示するようなことも可能である。

③観察・実験の記録や共有に活用する

ICTは、生徒の側が使用することによって効果を発揮する場面もある。例えば、デジタルカメラやタブレット型PC搭載のカメラを用いて観察・実験の様子を画像や動画で記録することや、タブレット型PC上でグラフを作成することなど、生徒たち自身で観察・実験の内容を振り返ったりまとめたりすることに生かすことができる。提示装置と接続すれば、他の班の実験の様子や、顕微鏡観察の様子などを学級全体で簡単に共有することもできる。

④話し合い活動や生徒発表時の補助手段として使う

タブレット型PCを1人に1台ずつ使用できる学習環境も徐々に整えられている。無線LANの環境を生かすことで、個々の生徒の作業状況をリアルタイムに教師が確認することができ、生徒の考え方や理解の状況を把握することに役立つ。また一斉に生徒の画面を比較提示したり、一人の生徒の画面を大画面に提示したりするこ

タブレット型ＰＣを使用する生徒

とにより、学級全体で議論することや生徒が発表することにも活用可能である。このような活用は現在のところ、おそらく最も進んだICT活用方法の一つと言えるのではないだろうか。

このように上手にICTを授業で活用することは、まさに授業のイノベーション（革新・拡充）であり、教師にとっては授業の質を高める一助となる。生徒にとっても授業への関心を高め、学習効果を高めることにもつなげることができる。ICTを利活用した授業を積極的に取り入れてはどうだろうか。　　（藤井徹平）

第13章

科学技術の歴史から理科教育を考える

はじめに

　なぜ理科を学ぶのかを考えるうえで、科学技術の発展の歴史を振り返ることは重要である。なぜなら、偉大な科学者が試行錯誤の上に発見したような難しい現象であっても、今では教科書にも掲載されている。例えば、ファラデー（Faraday, M. 1791～1867）が発見した電磁誘導は、中学校理科で学ぶ内容である。この電磁誘導の発見により、電気を利用する便利な生活へと大きく変わっていった。今でも、効率の良い発電方法や再生可能エネルギーなどの研究は続けられている。つまり、科学の発展と我々の生活は密接に関わっている。理科は、これまでに発見された自然科学の法則を伝え、科学的思考力を養うことを目的としている。

　この章では、科学技術の発展の歴史をたどりながら、理科を学ぶことについての意義と方法について解説する。今回取り上げたテーマは、主に小・中学校で学ぶ内容に関連した現象や科学者である。この中には、電磁気の基本単位として名を残しているボルタ（Volta, G. A. A. 1745～1827）、アン

ペール（Ampère, A. M. 1775〜1836）、オーム（Ohm, G. S. 1789〜1854）らが含まれている。さらに、3つの発電方法が含まれている。ボルタ電池は化学変化から電気エネルギー、ゼーベック効果は熱エネルギーから電気エネルギー、電磁誘導は磁石を使って電気エネルギーへと、それぞれ変換されている。科学史的に重要な現象を取り上げている。

第1節　科学の発展過程と学習の認知過程

1. 科学の発展過程と学習者の認知過程の類似性

　科学者が未知の現象を発見し、どのようにその現象を認識していくかという過程は、子どもである学習者が新しい概念に出会い、その現象をどのように正しく認識していくかという過程と類似している。例えば、以前、学生に「なぜ右ねじの法則は右向きなのですか？ 左向きではダメなのですか？」と聞かれたことがある。この学生に、実験で現象を見せながら、この法則が発見された経緯を話したところ、理解してくれた。科学の法則は人間が作ったものではなく、自然界の現象を我々がどのように解釈するかということである。右ねじの法則を発見したアンペールも、最初から分かっていたわけではない。アンペールは電流の周りで方位磁針の指す向きに規則性があることに気づき、磁界の向きと電流の向きの関係、さらに磁界の強さと電流の大きさや距離の関係などを明らかにした。その後、銅線をコイル状に巻くと磁界が強くなることが分かり、鉄心を入れるとさらに強くなることが発見され、電磁石として利用されるようになったのである。

　またファラデーは、電流の周りに磁界が生じるのであれば、逆に磁気から電流が引き起こされるのではないかと考えて研究し、磁石を使って電気を得る方法を発見した。これは中学校で学習する電磁誘導であるが、ほとんどの大学生は、「なぜ、コイルの中で磁石を出し入れすると検流計が振れるのか分からない」と言う。しかし、ファラデーのたどった思考過程を

説明すると、納得できるようである。

このように、ある現象を発見した人はどのように考えたかをたどることで、その現象に対して予備知識のない学習者の思考過程を重ね合わせることができ、学習者の理解を助けてくれるのではないかと期待している。

2. 科学技術の発展と学習の流れの相違

電磁気学の発展過程を見ると、最初は電気と磁気は異なる現象と考えられ、電気学と磁気学は別の学問体系と捉えられていた。ところが、1820年にエルステッド（Ørsted, H. C. 1777〜1851）は、電流が流れている導線のそばに置いてあった方位磁針が振れることに気づいた。それまでは、磁石によって方位磁針が振れることは知られているが、電流によって方位磁針が振れることは大発見であった。この発見により、電気学と磁気学が統合され、電磁気学が誕生したのである。その後、アンペールやファラデーにより、右ねじの法則や電磁誘導の発見など、電磁気学は発展していった。

小学校や中学校で学習する電磁気分野の学習の流れを見てみよう。小学校3年の理科では磁気学として「磁石の性質」、3、4年では電気学として「電気の通り道」「電気の働き」を学習し、5年で電磁気学として「電流の働き」の中で電磁石について学習する。この単元では、エルステッドが発見した電流による磁気作用を学習する前に、いきなり電磁石を学習することになる。電流のつくる磁界を知る前に、電磁石を作ってその性質について調べても、そもそもなぜ電磁石ができるのかということは分からないことになる。最初に鉄心にエナメル線を巻いた電磁石を知った小学生は、鉄心がないと電磁石（磁界）はできないと思ってしまう可能性もある。

電流がつくる磁界については、中学校2年の「電流と磁界」で学習することになるが、すでに小学校で電磁石を学習しているので、科学技術の発見の歴史と矛盾している。電流のつくる磁界が発見された後に、電磁石が発見されたのであるから、学習者が電磁気現象について知識を構築するうえでも矛盾があり、知識体系がつながらない。電磁石、右ねじの法則、コ

イルのつくる磁界、フレミングの左手の法則など、互いに関係性を考えずに暗記することになるのではないか。やはり、まず小学校で電流のつくる磁界の存在を確認したうえで、電磁石の性質を学ぶべきであろう。

第2節　科学者の思考過程を重視した理科教育

　科学者の思考過程とそれぞれの物理現象を関連づけて理解することにより、それぞれの現象を暗記するのではなく、本質的な理解を促すことができる。図1は、電磁気学の発展に貢献した有名な実験とそれらの発見に影響を与えた実験を図式化したものである。□の中は発見された現象や法則で、⬇の①～⑦は科学者の思考過程である。矢印になっているのは、上にある現象の発見があったからこそ、下の現象や法則を発見したという関係を表している。

　①ボルタがボルタ電池を発明するきっかけとなったのは、ガルバーニ (Galvani, L. 1737～1798) が提唱した動物電気である。これは、摩擦電気以外では初の人工電気ということになり、多くの研究者から注目された。ボルタは、ガルバーニが「動物電気」と名付けた現象に興味を持ち、動物電気

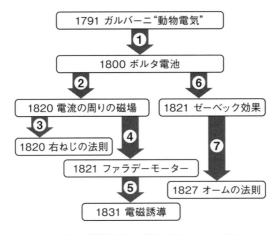

図1　電磁気学の発展の歴史とつながり

の研究に取り組んだ。ガルバーニはカエルの解剖中に、金属のメスが触れるとカエルの足がけいれんすることを発見した。この発見により、彼は動物の神経には動物電気が流れていると考えたのである。しかし、ボルタは動物の中に電気があるわけではなく、異なる２種類の金属が電流の発生に関係があり、動物は検流計の役目になっていただけだと考えた。そのため、ガルバーニとボルタとの間に論争が起こった。ボルタは、いろいろな金属の組み合わせによる電位差や電気の符号に関する実験を行った。そして、動物の身体の代わりに湿った布を使用しボルタ電池を発明したことにより、ボルタに軍配が上がった。とはいえ、ガルバーニの発見が電気学の発展に貢献したのは確かで、ガルバノメーター（検流計）にその名が残っている。検流計には、頭文字のGが書かれているものがある。また、ボルタ電池に流れる電流は「ガルバーニ電気」と呼ばれた。

　この電池が発明されるまでは、静電気による実験が主流であったが、ボルタ電池の発明により、電気学、そして電磁気学が大きく発展することになった。電圧の単位ボルトは、ボルタにちなんで名付けられた。

　②エルステッドは、ボルタ電池を使って講義をしているときに，電流が流れている導線の近くにあった磁針が北以外の方向に振れることを発見した。磁針の上または下に平行に電気を流すと針は大きく振れること、電流の向きを逆にすると針は逆向きを指すことを確かめた。エルステッドは，自然界の一つの力（電気力）が別の力（磁気力）に変わることを実証した。この発見によって、電流の強さは磁気作用の強さによって測定できることが知られるようになった。

　③アンペールは、エルステッドが発見した現象を知ると、電気と磁気の関係を研究した。その際、電流の流れる向きを＋から－と規定し、電流の向きと磁界の向きの関係性を明らかにした。それは、ある人が電流の流れる導線に身を置いたときに、その人の足元から頭の方へ電流が流れているとすると，顔を方位磁針に向けると常にN極は左を向くことを発見したのである。これは水面を泳ぐ人にたとえられて「泳者の法則」と呼ばれたが、現在では「右ねじの法則」と呼ばれるようになった。

これは、右手の親指を立てて握ったとき、親指の指す向きが電流の向きとすれば、親指以外の指の向きが磁界の向きと一致するというものである。電流の単位アンペアは、アンペールにちなんでいる。

　④ファラデーは、エルステッドが発見した電流の作用で方位磁針が振れるという現象から、方位磁針を連続的に回転させることはできないかという研究テーマに取り組んだ。そして、図2のような「電磁気回転」と呼ばれる2つの装置を考案した。図の左は、水銀が満たされた容器の中に電流を流すと棒磁石が容器の中で回転する装置である。図の右は、水銀を満たした容器の中に棒磁石が立つように固定され、上から垂れ下がった金属線が棒磁石の周りを回転するという装置である。

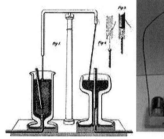

図2　ファラデーの電磁気回転装置図と再現装置
出典：[Faraday, 1844]

これらは、電気エネルギーを力学的エネルギーに変換する最初のモーターと言える。右の写真は、図の右の装置を再現したものである。

　⑤ファラデーはエルステッドの発見した現象の逆を追究した。さまざまな実験を行い、遂に磁気により電流を得る実験に成功した。これは電磁誘導と呼ばれる現象である。

　円形の鉄の輪に、2組のコイルAとコイルBを巻く。コイルAにボルタ電池を接続する。コイルBには検流計をつなぐ。コイルA、Bと鉄の輪とは絶縁されている。コイルAに電流を流すと電磁石として作用し、コイルBに接続された検流計が振れた。電池をつないだままにすると、検流計の針は元の位置に戻った。そして、電池との接続を切ると、針は反対方向に大きく振れて、針は元の位置に戻った。図3は、その再現

図3　誘導電流の実験

第13章　科学技術の歴史から理科教育を考える ／205

実験である。

さらに、電磁石ではなく、普通の磁石によって電流を生じさせることを研究した。被覆された銅線をコイル状に巻いた円筒に磁石を差し込むと検流計の針が振れ、差し込んだままにすると針は元の位置に戻った。磁石を引き抜くと反対方向へ振れた。図4はその再現実験である。

図4　コイル内に磁石を出し入れすると電流が流れる

ファラデーは、電磁誘導により電流を発生させたが、これは一瞬の発生にすぎなかった。ファラデーは、アラゴーの回転盤の原理を解明するための研究がきっかけとなって、世界初の持続的な発電機を発明し、「磁気から持続的な電流を発生させる」ことに成功した。

⑥ゼーベック（Seebeck, T. J. 1770～1831）は、2種類の異なる金属でボルタ電池が作れるなら、湿った布を使わずに、2種類の金属だけで電流を引き起こせないかと考えた。そして、2種類の金属と熱によって起電力が生じることを発見した。この現象は「ゼーベック効果」と言われる。2種類の金属の端と端を接続し、それぞれの2接点間に温度差を付けると磁針が振れて、電流が流れたことが分かる。この端と端を接合した2種類の金属は「熱電対（ねつでんつい）」と呼ばれる。図5のように熱電対を検流計に接続し、片方の接点を指で温めると検流計の針が振れる。熱源を利用して高温にすると、針の振れは大きくなる。

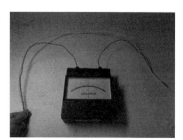
図5　ゼーベック効果を利用した熱電対の実験

⑦オームは電気回路の法則について研究し、電流の強さは電圧と抵抗によって決まることを発見した。最初、オームはボルタ電池を使用して、金属線の長さや太さを変えて、電流の強さを測った。しかし、分極作用のためボルタ電池から出る電流が不ぞろいであり、電流値が安定しないことに気がついた。そのため、正しい実験結果は得られなかった。その後、ゼー

ベックが発見した熱電対を使用することで安定した電源を得ることができた。ビスマスと銅を組み合わせた熱電対を使用し、片方の接合部を沸騰している湯の中へ、もう片方の接合部を氷の入った水の中へ入れた。水の沸点100℃（気圧によって変わる）と水の氷点0℃に保つことで一定の温度差になり、電圧を一定に保つことができる。そして金属線の長さや太さを変えて実験し、電流の強さは長さに反比例し、太さに比例することを導いた。オームは電流の流れにくさを抵抗の概念として捉え、電磁気学の基本法則であるオームの法則を発見した。

電流の強さをI、両端の電圧をV、長さをℓ、太さをS、金属線の伝導度をkとすると、
$$I = V\frac{kS}{\ell}$$
となり、長さℓを太さSと伝導度kの積で割ったものをオームは「修正された長さ」と呼び、これが現在の抵抗を表す式と同じである。伝導度の逆数が抵抗率ρであるから、抵抗Rは
$$R = \rho\frac{\ell}{S}$$
と表すことができる。

熱電対の温度差を0℃と室温に保って、電圧を変えた実験も行っている。そして、電流の強さIは電圧Vに比例し、「修正された長さ」に反比例することを示した。これは現在よく知られているオームの法則である。
$$I = \frac{V}{R}$$
「修正された長さ」が抵抗という概念と同じで、電流の流れにくさということになる。

第3節　科学技術の歴史に沿った理科教育の実験教材例

（1）ボルタ電堆の再現

ボルタ電池は、ボルタ電堆を発展させて発明されたものである。ボルタ電堆とは、図6のように亜鉛板と銅板の間に食塩水を浸した布を挟んだも

のを積み重ねたものである。ボルタ電池は、薄い硫酸の中に銅板と亜鉛板を浸したものである。

ボルタ電堆は、簡単に再現することができる。作り方は、図7のように銅板、亜鉛板、ろ紙を切る。図8のように各金属板の間に食塩水を浸したろ紙を挟み、電子オルゴールの＋の端子を銅板に、－の端子を亜鉛板に接続させると、かすかな音が聞こえる。このボルタ電堆を幾層にも積み重ねていくと、電圧が高くなり、メロディがしっかり聞こえるようになる。積み重ねるときは銅・ろ紙（食塩水）・亜鉛を1組とする。このとき、1組目と2組目の間にろ紙を挟んでしまうと失敗するので、注意が必要である。

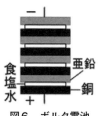

図6　ボルタ電池

図7　ボルタ電堆の材料
（銅板・ろ紙・亜鉛板）

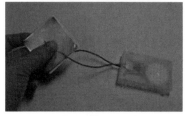

図8　ボルタ電堆を電子オルゴールに接続

ボルタ電堆（電池）は、化学変化により電気エネルギーを得ることができる世界で最初の電池である。小学生にとっては身近な乾電池の元となった最初の電池として、この教材は教育的価値がある。小学校でも教材として知られているレモン電池や11円電池も、原理はボルタ電池と同じである。

(2) エルステッドの実験

エルステッドの実験の再現はとても簡単で、図9のように方位磁針の上に銅線を置く。そして電池と接続すると、方位磁針が振れることが分かる。また、銅線を方位磁針の下に置いて電流を流すと、先ほどと逆に方位磁針が振れる。さらに、銅線を南北方向や東西方向に

図9　エルステッドの実験

置いたり、電流の向きを逆にしたりして実験するとよい。多くの科学者が電流と磁界に関する実験を行い、らせん状のコイルの中に鉄心を入れたとき、飛躍的に磁力が強くなることが分かったのである。

(3) ファラデーのモーター

第2節の④に掲載したファラデーが考案したモーターは水銀を使用しているが、水銀を使用せずに同じ原理のモーターを簡単に作製する方法を紹介する。

アルミワイヤーを27cmくらいに切り、図10のようにリンゴ型にする。フェライト磁石はアルミホイルでくるみ、電流が流れるようにし、その上に乾電池を置く。アルミワイヤーが電池の上部に触れる部分とアルミホイルに触れる部分の塗料をヤスリで削る（詳細は［曽江ほか、1844］を参照のこと）。

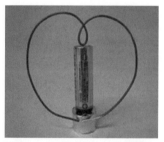

図10　ファラデーモーターの実験(1)

図11は、第2節④で紹介したファラデーの電磁気回転の右の装置に近い形にした。

これらのモーターを作製してうまく回転できれば、電池の向きや磁石の向きを変えてみると、回転方向はどうなるかを考えるとよい。電流は磁界中で力を受けることに関する体験的な学習になる。

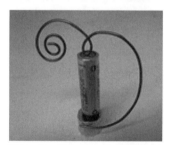

図11　ファラデーモーターの実験(2)

カラーアルミワイヤーを使うことのメリットは、銅線よりも小学生にとって柔らかく、加工しやすい。また、ヤスリで削ると銀色になるので、塗料が削れているかどうかが分かりやすい。エナメル線の場合、しっかり削れているかどうかが分かりにくく、失敗の原因になりやすい。また、アルミワイヤーはカラーが豊富で、クリスマスツリー型モーターや星形モーターなども作れて芸術性も表現できるので、理科が好きではない児童生徒にもなじみやすい。一方で、アルミなので酸化被膜を作り、長期間使用し

ていないと、再度ヤスリで削らなくてはいけない。また、エナメル線、アルミワイヤーのどちらを使う場合でも、ショート回路になっているので電流がよく流れ、電池の消耗が早く、電池やワイヤーが熱くなることがデメリットとなる。

（4）オームの実験

　オームの法則の計算問題は解けても、実はよく理解ができていないことも多い。中学校では一定の抵抗値を持つ抵抗器に電源をつなぎ、電圧の大きさを変えたときの電流を測定する実験を通して、オームの法則を導くのが一般的である。しかし、この実験を通してオームの法則を理解するのは難しいと感じている。つまり、抵抗という概念がまだ分からない生徒に、20Ωよりも30Ωの抵抗器のほうが電流は流れにくいと教えても、ピンとこない。オームの法則が知られる以前にオームが行った実験は、電圧を一定にして、金属線の長さや太さを変えて、流れる電流を測定した。温度による抵抗値の変化が少ないニクロム線やコンスタンタン線を使うと、簡単にオームの実験が再現でき、長さを2倍、3倍、4倍と変化させると、電流は1/2倍、1/3倍、1/4倍と反比例する。太さを2倍、3倍にすると、電流は2倍、3倍と比例することが分かる。中学生にとってなじみのない抵抗器を使った実験よりも、電圧が一定のとき、金属線の長さや太さによって電流の強さはどのように変わるかを測定し、電流の流れにくさとして抵抗という概念を認識させることができるのではないかと考えている。オームの思考過程をたどることにより、オームの法則の本質的な理解に近づくのではないだろうか。

おわりに

　物理分野が苦手な教員や教員養成系の学生は少なくない。しかし、小学校や中学校理科の教員になると物理分野を教えることになる。苦手な範囲はさっと駆け足気味に進んでしまいがちで、そうすると児童生徒にとって

心に残るような授業にならない。もしも間違ったことを教えてしまうと、その後の学習の弊害にさえなることがある。小学校6年の「電気は熱に変わる」という単元では、発泡スチロールカッターで太い電熱線と細い電熱線を比べて、どちらがよく切れるかを予想させる。細いほうがよく切れると予想する児童も少なくない。実験では太いほうがよく切れ、発熱量が多いから温度が高くなってよく切れると説明する。このとき、太いほうが発熱部分が多いからだ、と言ってしまうと、電熱線を長くするとよく発熱するという間違った考えになってしまう。しかし、長い電熱線のほうが発熱量は少ない。これは、同じ電圧では流れる電流が弱くなるからで、第3節(4)のオームの法則を理解していないと間違えてしまうことになる。

　人によって、物理は難しい教科かもしれない。それは、文章や言葉で説明された現象や数式と実際の現象が結び付いていないからではないだろうか。オームの法則や右ねじの法則を丸暗記していた人は、科学者の行った実験や思考過程から本質を理解して、教員になったときに物理のおもしろさを伝えられるようになってもらいたい。

引用・参考文献

オーム（三星孝輝訳・解説）『オームの論文でたどる電圧概念の形成過程
　　——理科教師や理工系学生のために』大学教育出版、2007年

曽江久美・種村雅子・石井恭子・大西ハルカ・小川賀代・興治文子『子ども
　　と楽しむ工作・実験・自由研究レシピ』実教出版、2012年

ダンネマン（安田徳太郎訳）『新約ダンネマン大自然科学史7』三省堂、
　　1978年

ダンネマン（安田徳太郎訳）『新約ダンネマン大自然科学史9』三省堂、
　　1979年

ファラデー（田中豊助監修）『電気実験〈上〉』内田老鶴圃、1980年

Faraday, Michael *Experimental Researches in Electricity*, 1844

〈コラム10〉日用品を使っちゃおう①
—教材・教具を見つけ出す、つくる—

　理科では、日用生活品の中に学習に使えるものがたくさんある。どの部分の学習で使えるか、理科教師の目で発掘していこう。教師自らが創意工夫することによって興味・関心を高め、科学をより身近なところに引きつけることができる。その例を見ていくことにする。

(1) 百円ショップは素材の宝庫
　①ネオジム磁石を使って

　いろいろな磁石の種類の中で、現在最も強い磁石といわれている「ネオジム磁石」。百円ショップでも買えるようになった。なにしろ強いから磁石の性質を示すのに効果的だ。ゼムクリップや釘がどのくらい引きつけられるかを見せるだけでなく、それらを宙に浮か

せたり、磁鉄鉱を持ち上げたりすることもできる。千円札や一万円札にネオジム磁石を近づけると、反応する部分があることを示すのもおもしろい。ネオジム磁石を紹介するときは、クレジットカードや切符、時計など磁石の影響を受けやすいものがあることを伝え、日常生活での正しい扱いにも触れておきたい。

　②回転台の上で

　食卓でしょうゆ差しなどを置く台として使うのだろう、これも百円ショップで売っていたものだ。直径20cmくらいの円形の板が自由に回転する。何に使えるだろう？　この上に振り子を乗せて振らせ、ゆっくり回転させるとフーコーの振り子のわけが説明できる。中華料理屋のターンテーブルでも同じことは

できるが、理科室の実験テーブルの上でいつでもできるのがよい。

　③マグデブルク半球がなくても

　これは「パズルマット」と名前が付いているが、フロアなどに組み合わせて敷いていくのに使われ、2枚セットで100円。このマットの中心に100円の鍋蓋を取り付ける。1枚の制作費は150円だ。これを実験テーブルのような平ら

な面に押しつけると、なかなか取れなくなる。吸盤のような形をしていなくてもマットとテーブルの面が密着すれば、大気の圧力によって取れなくなるのである。理科室のイスを持ち上げることができるか興味津々でやってみること間違いなしだ。またマットどうしを密着させれば、手製の簡易な（引き離すのにここでは馬は必要ないが）マグデブルク半球といったところだ。マグデブルク半球は教材備品の一つとしてないわけではないが、真空ポンプを用意しなくても簡単に、しかも班の数分を用意しておけば大気の圧力の存在を実感しながら知ることができるのがなによりよい。

　＊この教材は、科学教育研究協議会（http://kakyokyo.main.jp）全国研究大会の科学お楽しみ広場でYPC（横浜物理サークル）の人たちが発表したもの（2015年8月）。この研究大会では、現場の先生たちが開発したたくさんの教材が紹介される。

(2) スーパーマーケットにも

　生物分野では、スーパーマーケットなどから調達して教材にすることができる。小学校ではフナ、中学校ではイカが解剖教材として取り上げられる場合が多いが、別にこれにこだわる必要はない。班単位にするか教師の演示にするかで違ってくるだろうが、ある先生はカツオ1尾を教室に持ち込んで子どもたちの目の前で解剖していった。もし食物連鎖の学習も取り込んで観察を取り入れるなら、煮干し（カタクチイワシ）を全員に配り、胃の中を調べるというような方法もある。ただし、入荷予定の確認や目的のものが観察できるかを確認する予備実験は、事前にしっかり行っておきたい。

　植物だったら、スーパーで売られているさまざまな野菜が、植物として見ると根・茎・葉・花・実のどこを食べているのか、学習の発展として確認していくのに使えるだろう。

　フィルムケースのように消えていくものは少なくないが、新しいものが次々と出てくるのが現代社会である。理科教師の目で見ていけば、いつの時代にも素材はいくらでも身の回りにあると言ってよいだろう。　　　　（杉山栄一）

〈コラム11〉日用品を使っちゃおう②

　理科の教材と聞くと、みなさんはどんなものを思い浮かべますか？　試験管、ビーカー、豆電球、顕微鏡、アルコールランプ…。理科室にある実験器具を教材として考えることが多いのではないでしょうか。でも、私たちの生活で使っているもの（日常生活用品）も実は教材として使えるものがたくさんあるのです。ここでは、小学校6年「水溶液の性質」の教材として、2つの事例を紹介します。

(1) 10円玉と洗剤・調味料

　洗剤や調味料は，種類によって液性が異なり，酢やトイレ用洗剤は酸性を示します。10円玉（銅；Cu）をこれらの液につけると、さびによる汚れ（酸化銅；CuO）が溶けてきれいになります。

　酢（酢酸；CH_3COOH）の場合の化学反応式は次のとおりです。

$$CuO + 2CH_3COOH \rightarrow Cu(CH_3COO)_2 + H_2O$$

　10円玉をいくつかの洗剤や調味料に浸して反応を比較し、使った溶液の液性との関係を考えることで、子どもたちが他の水溶液の性質（液性）についても調べようとするきっかけになります。

(2) 色つきスティックのり

　のりの色が消える理由は、空気中の二酸化炭素や紙の酸性成分に触れ、成分が中和されてアルカリ性から弱アルカリ性へと変化するからです。そこで、色の変化の原因を学習問題とすることで、単元で学習した知識を活用しながら、水溶液の性質の理解を深めていくことができます。

　日常生活用品を使うことは、子どもたちの興味・関心を高めるだけでなく、理科を学ぶ意味（学習の有用性）を感じるうえでも価値があります。みなさんも教材研究の視点に立って、身の回りのものを見直してみませんか。きっとステキな教材と出会うことができますよ。

（葛貫裕介）

第5部

これからの理科教育を創り変えるために

第14章

これからの科学教育を考える
―科学リテラシーの教育を目指して―

はじめに

　いま、日本の科学教育が変わろうとしている。恐らくこの10年、20年後には、まるきり違った様相を示す科学教育に変わっているだろう。なぜそうなのか。それは、1972年の国連ストックホルム人間環境会議や、同時期、ローマクラブの「成長の限界」答申で言われたように、今は、文明の発生以来の転換点にあるからである。

　文明の発生以来、人類は自然からの収奪を繰り返してきた。いま、種の大量絶滅が止まらない。こんな状況の中で、人間だけがいま異常繁殖しているが、人類は今後、生き残れるのだろうか。「有限の地球に、無限の生産力の発展はない」。それなのに大量生産・大量消費を求める経済は止まろうとしない。今までの自然と人間の関係は、もう転換する時期に来ている。自然との共存を目指すライフスタイル、新しい科学技術のあり方に、いま世界全体が転換しない限り、私たちの未来の持続可能性が危うい。

　そこで「経済発展か、環境保護か」の1970年の頃以来の、長い20年間の

論争の後、ノルウェーの世界初の女性首相ブルントラント（Brundtland, Gro Harlem 1939～　）の粘り強い合意への努力の結果、1993年、リオデジャネイロの環境サミットで「持続可能な発展」を目指そうという合意がなされた。この結論は、法的拘束力はないものの、誰もが承認する世界の合意であると言える。

　この流れの中で、"Science and Technology Literacy for All"というユネスコのパリ決議がなされる。この決議は、世界で初めて、全ての人々にリテラシーとして、科学・技術の教育を教えきろう、という画期的な決議であった。科学リテラシーの教育を通じて、地球が持続可能にならない開発にはブレーキをかけよう、しかしそのためには、新しい持続可能な科学技術の開発を始めよう、と訴えた。

　これは国連の学習権宣言にあるように「全ての市民が未来の社会の歴史の主体になれる教育」の理科版である。つまり、どういう科学や技術を制御して、どういう科学や技術を促進する必要があるか。これを、全ての市民が理解し、その国の科学技術に関わる諸課題を、自分たちでコントロールできる力を得るための教育である。その要は、次の3つである。
　(1) 全ての人々のための科学教育を目指さなければならない。
　(2) 地球の持続可能性を吟味できる自然観と結んだ基礎概念の教育がいる。
　(3) 現実の社会の科学技術の課題を市民が吟味できる知的訓練がいる。

第1節　全ての人々のための科学・技術教育
――なぜ市民がコントロールできるための科学・技術教育か――

　コスタリカという中南米の小国がある。かつてこの国は、アメリカの牛肉市場の生産地として広大な牧場があった。しかしそれで、国とその国の民が豊かであったとは言えなかった。そこで、ときに若者たちは機関銃を持ち、ゲリラで内戦などもしていた。しかしある段階で、科学リテラシー

に基づき、私たちの未来は欧米のような発展国を目指すものだろうかと考えるようになる。この国は、世界の熱帯雨林のかなりの鳥が生活している貴重な地域である。そのかけがえのない資産を生かす国づくりを始めたのである。

　世界の中で、自分たちの果たすべき役割がある。そう考え、戦争放棄をし、若者は武器を鉛筆に持ち替え、世界で最も知られたエコツアーの国に脱皮する。もちろん、ホテル業や関連産業を含めてGNPは急速に向上し、人々は豊かになってきた。世界の国から多くの観光客が、この国を支援してたくさん集まったからである。

　地球の持続可能性のために自分たちは何をすべきか。これが自分の国の未来と価値を発見させることになる。何を抑え、何を開発し基幹産業とすべきか。科学を学んで、国の未来のために何をすべきかを考えたのである。

　オーストリアではどうか。この国は、伝統的に豊かな森に恵まれていた。しかし、林業は絶滅産業のように衰退していた。それをこの10年ほどで、国の基幹産業にまで育て上げる。自国の資源である木材の集成材で、5階建て以上のビルまで建てられる飛躍的な強度を保つ資材を開発した。また間伐材をチップ化し、輸入に頼る石油や天然ガスの比率を大幅に減らす。森林マイスター制度を導入して、高度の教育を行い、子どもは夏には森に出かけ、森を学び、林業従事者はそれを教える公務員を兼ねる。資源を他国に頼るのではなく、持続可能な自国の資源で経済を自立させる。そんな技術開発を行う国づくりが始まっている。

　ドイツではこの10年ほどで、競争主義的経済建設を転換し、100年先をにらんだ経済建設を始める。風力や太陽光発電など、再生エネルギーの比率を数パーセントから30％まで向上させている。それは将来のエネルギー自給についての強い意思があるからである。科学リテラシーの教育は、国の未来を市民とともに考え、未来の国の建設の良い教育となっている。

　科学リテラシーが国の未来を決める。これはユネスコで戦後からずっと議論されていたことであった。リテラシーとは、人が人であるために、どうしても必要な基礎教養のことである。それは普通、読み書き計算の基礎

能力のことを示していた。

　しかし今日の議論は、もっと根源に遡っていく。アイヌやイヌイトやアボリジニの人たちは、リテラシーはなかったのか。ユーカラや砂絵は言語リテラシーではなかったが、自然の言葉を読み書きできるという意味で、科学はリテラシーではないのか。こういう議論がユネスコの中で沸き起こり、ついに1993年、科学リテラシーという言葉が生まれた。いわば、リテラシー概念が拡張されたのであった。一方で、正統的な科学技術のあり方でも、20世紀は大きな変容を遂げている。例えば、核技術、有機合成化学、遺伝子工学などなど。これらは45億年の地球が想定していない技術である。

　古来、分子は変わるが原子は不変なものであった。それを人間は自己の目的のために変化させ、膨大なエネルギーを手に入れた。また、古来より有機化合物は植物しか作ることができなかった。それを石油を分解した生産物から、自然界に存在しない多くの有機化合物を作り出している。生命の根源に関わるDNAを変化させ、この世にない生物さえつくることができる技術——これらはある意味で、神の領域に近い技術である。

　これらは安定した技術として、我々の生活の中に持続的に存在できるのだろうか。失敗すれば取り返しのつかないことが起こる可能性がある。ドイツの人々に大きな影響力を持つ社会学者ベック（Beck, Ulrich 1944〜2015）は、20世紀の後半になって、近代は第2の段階に入ったと述べた。これらの技術の出現は、被害の大きさから言えば、通常の保険が全く効かない。倒産して資本の被害を覚悟しさえすれば、再度挑戦して、また新しい産業を興せる資本主義の基本システムが成り立たなくなっていることを論じた。こんな技術が基本となる今の社会を、誰がどうコントロールし転換するのだろう。

　古来より、国のために死ぬことを人に命ずる巨大組織、放置すれば暴走する可能性の高い軍隊を、どう人類はコントロールしようとしてきたか。その方式を民主国家では、シビリアン・コントロールと呼んでいる。

　その方式とは、軍隊の最高指揮官は軍人であってはならず、文人であることという原則である。秘密が厳守される上意下達の組織では、内部の人

間が、その組織を縮小させたり撤退させたりすることはたいへん難しい。そこで、それに関わらない組織外部の文人を最高決定者とする。そしてこれに従わせる。同じことが、現代の高度の科学・技術組織にも言える。しかしそれは、専門家ではない、一般市民によるコントロールということになる。

では、一般市民の声によってどうコントロールするか。例えば、原発の是非をめぐってドイツでもヨーロッパの諸国も、廃止から、建設、廃止延期など国論は変遷していた。そのたびに、けっきょく最後は議会や政府の決定ではなく、国民投票によって決着をつける方式になってきている。福島原発事故以降、イタリアも国民投票で廃止を決めている。国民投票だけが市民のコントロールの方式ではないが、専門家ではない広い市民が、テーマを限定した課題で最終的な決定を下すという意味では、専門家や、内部利権が絡む政治家がブレーキをかけられない以上、高度な科学技術の諸問題の重要な解決法の一つである。

もちろん、市民がその判断を下しうる政治判断力を育てる、その教育が大切になる。しかし、その判断能力を疑ってはならない。普通選挙法で、どんな人も生まれながらにして、政治家を選び、また政治家として選ばれる権利を持っている。また、どんな政治的決定もなしうる力を、全ての人が基本的人権とし持っている。そう考えるのが民主国家である。その理念を現実のものにしなければならない時代が、いま来ているのである。

第2節　社会の持続可能性を吟味できる自然観の教育
——概念的方法的理解とバックキャスト方式——

全ての人々に高いレベルの科学リテラシーを、というのが21世紀の科学リテラシーの教育の理念である。

高いレベルとは何をもって言うのか。例えばこれらのレベルは、TIMSSやPISAの国際テストの問題で具体的に示している。1995（平成7）年度の

TIMSSでは、例えば次の問題を、小学校4年生に出している。

昆虫が、木の花から草の花へ花粉を運ぶ様子の図を示し、いちばん起こりそうなことはどれかを選ばせている。①木から生まれる子孫が草に似る。②草から生まれる子孫が木に似る。③草から生まれる子孫が木と草の両方に似る。④子孫ができないので何も起こらない。

さあ、これはどれが正しいか。答えは、④である。日本は調査参加国26カ国中、正答率21％でビリであった。トップはチェコで正答率79.4％。これは種の定義の理解を聞いている。種の違い。それは交配して子どもができないようになったときである。これを全ての国の小学校4年生相当の年齢の生徒が、学ぶべき知識のレベルとして提起している。これが高いレベルの教育の意味である。つまり、主要な基礎概念については、自然観とその定義までの理解を、生物多様性の基礎概念の理解で求めているのである。これが自然観の教育である。

PISA科学専門委員会のバイビー委員長は、21世紀の全ての人々の科学リテラシーは20世紀に比べて1段グレードアップがいると言っている。科学の理解の段階は、大きく言えば4段階のグレードがある。

(1) 名目的理解の段階。例えば心臓で言えば、その器官の名前を知っている段階。
(2) 機能的理解の段階。例えば心臓がどのような役割を果たしているかを言える段階。
(3) 概念的方法的理解の段階。心臓が進化の過程でどう変遷してきたかを言える段階。
(4) 多面的理解の段階。(3)までの見解の異見について、根拠を持って意見を持てる段階。

バイビーは、20世紀は(2)までの理解が、全ての人々のための科学リテラシーのレベルであったという。そして(3)、(4)は専門家の理解であった。しかし21世紀は、主要な基礎概念については、(3)の自然観の理解まで深められた理解が全ての市民に必要であると言っている。原子論や遺伝子論などの自然観までの理解がなければ、今日の科学・技術に関わる課題を適切

に判断することが難しくなっている。地球の持続可能性を判断できるかどうかが、21世紀の全ての人々のための科学リテラシーの条件だからである。

　しかし、それを小学校の段階から教えられるのか。その解決策として世界で現在検討されているのが、バックキャスト方式と呼ばれる小中高一貫カリキュラム方式である。

　普通、今までとられていたカリキュラム方式は、フォーキャスト方式である。低学年で、まず教える。それを踏まえて徐々に積み上げて、だんだんレベルを上げていく方式である。しかし、この方式で今まで日本もやってきて、原子論や力学や進化や遺伝は難しいとして、どんどん上級に先送りされ、レベルが下がってしまった経緯がある。

　これを根本的に改めた方式が、バックキャスト方式である。これは地球温暖化対策で、二酸化炭素削減目標をどう定めるかと同じ方式である。

　それは、まず全ての生徒の基礎教育が終了する段階。例えば、中学3年なり、高校1〜2年を想定し、どのような科学リテラシーを持っていなければならないかを先に定める。後に、ここからバックする。それが理解できるには、中学3年では何を理解していなければならないか。小学校6年ではどうか。4年ではどうか。小学校1年生では何が理解されていなければならないか。こうしてバックしてカリキュラムを作るのである。

　だからそのためには、小学校の先生でも、義務教育終了時点での科学リテラシーを理解していなければならない。だからカリキュラム作りには、小学校から高校までの先生の合同の研究がいる。また、その頻繁な会議が必要になるのである。

　21世紀は知識基盤社会であると言われている。個々の知識を、ただ持っているだけでは、すぐ古くなり変化に対応できない。必要な知識を生み出す知識、次の時代に何を押さえ何を開発する必要があるかを提起できる知識——それが基礎学力・自然観である。

　これを生かして、異文化の中で協力して仕事ができる能力——それが、21世紀の全ての人に必要な能力としてOECDが提起したキー・コンピテンシーである。

第3節　科学技術の市民的統制を可能にする知的判断力の教育
――Information/Intelligence/Wisdom――

　現実の科学技術の課題を市民が吟味できるための知的訓練をどのようにすればいいか。

　哲学では、あふれる情報の中から真実を取り出す知的判断力を、インテリジェンス（Intelligence）という。それを現実の具体的な事例研究を通じて行うことになる。

1.　Informationが公開されることの重要性を知る

　例えば、遺伝子操作大豆がどうも人間の体に悪いのではないかと考える人がいる。しかし、人間の体に悪いという明確な科学的証拠は当時なかった。しかし、体に決して害はないという会社側の主張を裏づける明確な証拠もあるわけではない。こんな状況の中で、市民はこの問題をどう判断すればいいか。このように、明白に科学的に黒でも白でもない状況が、今日の社会で頻繁に発生している。これを専門家に、どちらか教えてくれ、と言っても無理である。分からないというのが、せいぜい良心的な答えである。

　明確に害があることが分かっていれば、発売禁止にできる。しかしそれがない以上、販売禁止にはできない。しかしその大豆が、遺伝子操作大豆であるかどうか。それを生産者に情報公開を求めることはできる。生産者は、それを嫌がるが、もし安全なら堂々と公開すればいいのである。情報が公開されれば販売を認めるが、それを買うか買わないかは消費者の判断である。市場経済の原理で、市民がその商品の是非をコントロールする。

　こうして、白でも黒でもない商品の是非を、消費者の判断ができる状態に持っていく。それを要求する。これをまず学ぶことが大切である。情報公開は、市民判断の第1原則である。

まず情報公開を、ほとんどの企業も官公庁も嫌う。一般庶民がパニックに陥ってはいけないとか、風評被害が起きてはいけないとかを理由にする。福島第一原発事故の時、放射性物質拡散のシュミレーション内容がスピーディーに公開されなかった。そのため、最も拡散すると予想される方向に多くの住民が逃げることになった。どちらに逃げたらいいか、たとえ不確かでも、判断の根拠になる情報を知らされなかったからである。それをどう判断するかは、素人では無理だとか言ってはいけない。公開されていさえすれば、市民は多様な専門家と相談して判断することができる。情報公開されずに大きな被害を受けた水俣病やアスベスト、イタイイタイ病裁判の事例を教訓に、事例研究の学習をする必要がある。

2. 公開された情報を基に、Intelligenceの訓練をする

　例えば原発についても、推進している国や廃止を決めている国など、欧米の国でもいろいろであるが、それらのどの国も、教育上の取り上げ方は共通している。インテリジェンスの訓練は、多様な情報を手に入れ、それがなければ自分で獲得する努力をし、それらを比較検討して真実を見抜く訓練をすることである。

　例えば、英国は国策として原発を推進しているが、教科書にはその推進側の主張と反対側の主張が同ページ数で対等に扱われ、それを授業で議論して考察する。その議論の過程で、必要なら原発調査に行ったり、反対派の人々の意見を聞いたりする。

　ドイツは現在廃止の方針であるが、教科書には、推進側の見解と廃止の方針の緑の党のマニフェストが、やはり同じページ数で扱われており、これらを基に議論し、思考を深めることになっている。

　比較検討して吟味するインテリジェンスの訓練は、議論の過程で現れる疑問を解決するに必要な未知の知識や情報が当然出てくる。だから、この新しい証拠をアクティブに見つける訓練は、真実を見つけるために大切である。これがアクティブ・ラーニングなのである。

例えばフィンランドでは、オンカロの放射性廃棄物の地中処理は、世界で最も厳密で安全な処理と思われていたが、放射線の熱で金属が酸化し、放射線漏れが起きていることが最近分かった。そこで、フィンランドの生徒は、その資料を直ちに、主体的にアクティブに授業に取り込み、判断や思考の材料として使い、学習している。

　だから、インテリジェンスを磨くアクティブ・ラーニングは、発表や討論などが双方向的な学び合いとして行われるが、これはそもそも、分からない者どうしが、真実を分かるためになす主体的な営みなので、判断を深める新しい未知の内容をアクティブに探す作業が大切になる。だから、決して閉じられた情報の中で、どちらかの側に立ってその主張を納得させるゲームのような技法、ディベートの訓練をアクティブにするわけではない。

　日本の原発問題の学習、検討はどうか。例えば小学校用では、文部科学省が関わって作った冊子として「わくわく原子力ランド」がある。この冊子には、賛成派の考えしか書かれていない。この話を福島原発事故直後の国際会議でしたら、多くの国の参加者からは驚きの声が漏れていた。インテリジェンスは、多様な考えが比較検討され、これに基づき、未知の情報が獲得され議論されなければ磨かれるものではないのだ。

3. Intelligenceの最終判断には、Wisdom（叡知）がいる

　科学リテラシーの時代の科学・技術課題の是非を判断するには、科学だけでは判断が難しいことがある。

　例えば20世紀の後半、オゾンホールが拡大して太陽からの紫外線の著しい増加により、皮膚がんが増加したことがある。その原因として、電気冷蔵庫や、車のエアコンに使われる冷媒、フロンガスの成層圏への拡散が疑われた。しかし、果たしてフロンが原因であるかどうか、有力な説であったが、その時点では、フロンがオゾンホール拡大の原因である、と明確に科学的に立証されているわけではなかった。

　しかし、それが科学的に明確に立証されるには、相当の期間が予想され

る。その間にもフロンが拡散し続けたとすれば、もしフロンが原因であることが立証され、フロンの排出がその時点で止められても、もはやオゾンホールの拡大は止められず、自然環境に不可逆な重大な影響を残す可能性があった。

そこで、欧州の多くの国が中心になって議論を繰り返し、たとえ科学的にフロンが原因であることが明白に立証されていなくても、フロンの使用排出をやめる条約（フロンガス撤廃条約）を結んだのである。

これは科学による禁止判断ではなく、叡知による禁止判断である。これを予防原則による判断と言う。当時、経済発展を阻害するとして、この使用禁止条約に強力に反対した大国があったが、数年後に参加する。フロンガスを使った冷蔵庫や車を時代遅れとして、多くの国が買ってくれなかったからである。慌てて代替フロンを技術開発し、かえってその結果、新しい技術として、その国の新しい発展を見ることになったのは教訓的である。

EU環境庁は、今後EUは重大な課題に関しては、予防原則を基本にして環境問題を考えるとして、この考えに従わずに問題を残した多くの事例、例えば水俣病、アスベストなど10数例を挙げ、その教訓をインターネットで公表している。

インテリジェンスで比較する元には、もっと高度の価値観がいる。この価値こそが、科学を超えた人間の幸せを総合的に考察するWisdom（叡知）なのである。

おわりに

このように科学リテラシーの教育は、科学・技術や、その教育が社会に開かれ、広く深い人間的価値に基づいていることが必要である。科学・技術の内容が市民に秘密にされ、教育が教室だけに閉ざされているなら、それは形だけのものになる。そうならないように、不断のさまざまな努力をすることも、科学リテラシーの教育にとって大切なことである。

引用・参考文献

川勝博『川勝先生の初等中等理科教育法講義——科学リテラシー教育への道 講義編・演習編』(第1巻〜第3巻) 海鳴社、2014〜2016年

佐藤学「リテラシーの概念とその再定義」『教育学研究』第70巻第3号、2003年

ベック, ウルリッヒ (島村賢一訳)『世界リスク社会論——テロ、戦争、自然破壊』ちくま学芸文庫、2010年

メドウズ, ドネラ・Hほか (大来佐武郎監訳)『成長の限界——ローマ・クラブ「人類の危機」レポート』ダイヤモンド社、1972年

Bybee, Rodger *Achieving scientific literacy from purpose to practices*, Heinemann Publisher, UK, 1997

European Environmental Agency "Late lessons from early warnings : the precautionary principle, 1896-2000", *Environmental issue report* No.22, 2001

〈コラム12〉顕微鏡など拡大する道具を授業で活用する

　生物を拡大して見る道具として、顕微鏡ばかりでなく、観察する対象に応じて道具をうまく使っていくことが、学習の効果を高めるうえで大事である。

　小学校では、よく虫めがねを人数分用意したり、個人に持たせたりする。これでツルレイシの種やモンシロチョウの卵を見たりするのだが、倍率は2〜3倍程度である。教室や外へ出て授業をする場合は、いつでも使えて便利かもしれないが、少し値段が高くなっても、繰り出し式のルーペを用意しておきたい（ただし3年生の「太陽の光をしらべよう」の単元で虫めがねを使って光を集める実験があるので、虫めがねが不要になることはない）。これだと10倍程度に拡大され、ハコベのような小さな花のつくりを見たり、茎や葉の表面の毛の有無を確認するのに使える。虫めがねよりも小さな世界を拡大して見ることで、感動を伝えることができる。

　さらにメダカやカエルの卵やふ化直後の幼生、昆虫の体のつくり、雄しべ・雌しべ・花粉などをじっくりと見るには理科室で観察することになる。その場合は、10〜20倍の解剖顕微鏡や20〜40倍の双眼実体顕微鏡がよい。ピントの合わせ方などの操作がルーペより難しくなってくるが、対象を立体的に捉えることができ、教科書の写真では得られない本物に近づくことができる。

　50倍以上の倍率が求められる観察は小学校では微生物や気孔の観察で使うくらいであまり多くはない。倍率が大きくなる分、見る対象を中心に移動してピント合わせをしたり、光源を用意して反射鏡の角度を調整したり（光源付きの顕微鏡も

繰り出し式ルーペ

スタンド型の虫めがね
観察しながら記録したりするときに向いている

解剖顕微鏡
「解剖」というとサカナなどの動物を連想するが、植物の体のつくりを調べるのも「解剖」と言ってよい。左右に手を乗せられる台が取り付けられるようになっており、操作しながら観察できる。

携帯用の双眼実体顕微鏡
野外観察でも使えるニコンの「ファーブルミニ」

増えているが)など、操作が難しくなってくる。顕微鏡観察のときには、ゴミなどを微生物と思っている子どもがいることもあるので、目的のものが見えているかどうかチェックしていく必要がある。

中学校では細胞や動植物の組織のつくりの観察などで顕微鏡はなくてはならない道具であり、使う回数も増えてくる。今は1人1台が使えるように数をそろえてあるので、全員が使いこなせるようになっている必要がある。

拡大して見る道具は、生物だけではなくいろいろ使える。「火山灰の正体は何だろう」。火山活動のない地域の学校では必ず観察させたい。肉眼で見させるだけでもよいが、ルーペや双眼実体顕微鏡で見せれば、よりはっきりとつかめる。火山灰もそうだし、砂も鉱物の集まりであることが分かるだろう。またスライドガラスの上に食塩水を1摘落とせば、乾くにつれて、食塩の決まった形をした結晶が生じてくることを顕微鏡下で確認するような使い方もできる。

顕微鏡で見た塩化ナトリウムの結晶をデジカメで撮影したもの

顕微鏡で拡大して見たものものを画像の記録に残したり、スクリーン上に投影するには、一昔前は高価な装置が必要であったが、デジカメやスマホ、タブレット端末など最近の機器をうまく授業に活用していくことを考えてみるのもいいだろう。まず顕微鏡で見た像の記録であるが、接眼レンズの部分にデジカメやスマホの外カメラのレンズを当てて記録が撮れるか確かめてみよう。記録が撮れれば、高価な顕微鏡投影装置がなくても困ることはない。

タブレット端末の外カメラに接写レンズを取り付ける

また、スマホやタブレット端末の周辺機器に汎用性の接写レンズが売られている。スマホは、機種によって違いがあろうが、もともと接写できるものが多い。それを外カメラのレンズの部分に接写レンズを取り付ければさらに拡大された像が得られる。接写レンズの代わりに虫めがねでもよいのでいろいろ試してみてほしい。記録した画像はプリントアウトして観察記録にするだけでなく、液晶テレビやプロジェクターにHDMIの端子があればケーブルでつなぐだけで、あるいはWi-Fiを利用できればケーブルなしで、その場で大きな画像を映し出すことができる。観察したことを学級全員で確認しながら学習を進めていくなど、いろいろな工夫・利用の仕方が考えられる。

(杉山栄一)

〈コラム13〉薬品との安全なつきあい方

　塩酸、アンモニア水、過酸化水素水、水酸化ナトリウム、メタノール——これらの薬品は小学校・中学校の理科の授業で使われ、なじみ深いものであるが、全て「毒物及び劇物取締法」で指定されている劇物（大人が誤飲した場合、致死量が2～20g程度のもの）である。それ以外にも、「消防法」で危険物と定められている薬品や、特に定めはないが、扱いや保管に注意が必要な薬品も授業では扱う。

　薬品と安全につきあうための第一歩は、その薬品の化学的性質、正しい扱い方、人体に与える影響、関連法令等を理解することである。理科の実験で頻繁に使用する薬品を身近に感じて軽んじるのではなく、特徴を知り、法令を守り、正しく使用することで、事故を未然に防ぎ、また、残念ながら事故が起こった場合にも的確な対応をすることができる。

(1) 薬品を扱う際の注意

①管理

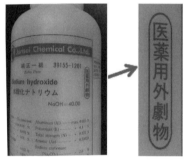

ラベル等に書かれた情報を確認しよう

- 法令で定められた方法で保管し、使用量を管理する。
- 原体だけではなく、製剤（水で薄めたもの）も劇物に指定される場合がある。その場合、製剤も指定された方法で保管する。
- 熱、光、水分（湿度）、二酸化炭素等により変質しやすい薬品もあるため、保管する容器は薬品に適したものを使用する。
- 変質しやすい薬品は保管する量を最低限にとどめる。そのつど購入する。
- 他の薬品といっしょに保管してはいけない薬品もあるため注意する。

②使用時

- 皮膚を腐食する薬品を素手で触らない。また、目に入ると失明の恐れがある薬品は、安全ゴーグルを着用し、目の高さ以下で扱う。
- 揮発性のものは、換気を怠らないよう、また、吸入しないよう気をつける。
- 希釈する場合は、濃度が薄い方（例えば水）に、濃度が濃いもの（例えば

濃硫酸）を少量ずつ入れる。
・薬品が想定外に反応して事故が起こることを防ぐため、固体を扱う際には、十分に洗浄し、乾燥した薬さじを使い、液体を扱う際にはガラス棒などを使い、ラベルを汚さないようにする。

③廃棄
・法令の内容を理解し、適切な方法で廃棄する。
・廃液処理の際も、薬品どうしが不適切に混ざらないようにする。
・薬品を必要以上に用意しない等、廃液を最小限にする工夫をする。

(2) 主な薬品の特徴 （劇：劇物　危：危険物）

薬品名	分類	揮発性	腐食性	その他
水酸化ナトリウム	劇		あり	濃度5％以上は劇物。潮解性あり。密閉保存。皮膚につけない。
塩酸	劇	あり	あり	皮膚につけない。毒性。希釈注意。刺激臭。
アンモニア水	劇	あり	あり	皮膚につけない。刺激臭。
過酸化水素水	劇 危		あり	濃度6％以上は劇物。市販のものは薄めてから使用。火気厳禁。
メタノール	劇 危	あり		皮膚につけない。飲むと失明の恐れあり。引火性。
硫酸銅	劇			皮膚につけない。無水物は吸湿性。
エタノール	危	あり		引火性。火気厳禁。

　薬品の正しい取り扱いは、安全な理科実験のためだけではなく、公共の安全を守るためにも重要である。グリーンサスティナブルケミストリーの観点からも、児童生徒に身に着けさせたい技能の一つであることを念頭に指導したい。

〔参考〕
・仙台市科学館化学薬品データベース
　　　　　　　　　　　　http://www.kagakukan.sendai-c.ed.jp/yakuhin/
・適正な理科薬品の管理と安全な理科実験の手引き　山口県教育委員会
　https://www.pref.yamaguchi.lg.jp/cmsdata/d/1/e/d1e9586396ff1f4dcce255f5e5aaa502.pdf

（赤尾綾子）

第15章

自然と生物を総合的に捉える
―科学教育のカリキュラムを創り変える―

はじめに ――なぜ学校で理科を学ぶのか

　子ども・若者は、なぜ生きものや自然について学ばねばならないのか。その理由の最も基本となるのは、一人の自立した社会人として生きていく中で遭遇する生きものを含む自然(以下「自然(生物)」という)との関係の中で発生する問題の解決、あるいは改善の方法・手段を生み出すための基礎を身につけることである。また、人間自身が生物であり自然であり、自分が「生きる」ことの基盤を知ることにもなる。金魚に食べ物が必要だと思って、水槽の中にお菓子を粉末にして入れたら、含まれていた防腐剤で死んでしまった。イヌが好きでかわいがり、いろいろな食べ物をたくさん与えて外に出さなかったら、肥満になりストレスがたまって体調をくずし、異常行動をするようになった。生物それぞれは、独自の生き方をし、適した環境がある。そのことを知らないで、自分の気持ちだけで関わっていたらたいへんなことになる。石炭や石油を掘り出して消費し続ければ、いずれなくなる。二酸化炭素は増え続け温暖化は激化する。こうした過ちを犯

さないためにはどうしたらよいか。次の4つのことを学ばねばならない。
　①自然（生物）とはどのような存在か、人間の影響を受けないとどのように生活するか、人間の影響によって変化した現実を知る。
　②その自然（生物）の現実が人間自身にとって、また自然（生物）にとってどのような意味を持っているかを知り、評価する。
　③以上の①、②で知ったことを基に、人間はこれから自然（生物）とどう関わればよいかという将来展望を明らかにする。
　④展望を現実のものにするための方法と手段を身につける。
　しかし、こうしたことの全てを完全に実現するのは、子ども・若者時代の12年間の学校での学習だけでは不可能である。それどころか、これらのほんの一部しか学ぶことができないだろう。そうだとすると、これらは、学校を卒業したあと一人の自立した社会人として生活し、その中で学ぶことによって実現させるほかない。また、学んだことを生活の方法・手段として利用しながら、確かに役立つものであるということを検証しながら学ぶことが必要である。
　学校での自然（生物）についての学習は、自立した社会人としての生活と、その中で成立する「本学び」[岩田、1999]といわれる学習との関係から、そのあり方が考えられねばならない。その本学びの実現と、そのために欠かせない「総合的な学習」の実現を目指して、学校での学びのあり方を考える必要がある。

第1節　本学びと総合的学習の実現のために

1．本学びとは——現実にある本学びから明らかにする

　本学びとはどういうものか。それを具体的に知るために、実際に本学びを進め、自分や地域に発生した自然（生物）についての問題を解決した人たちの学習の過程から追求してみよう。

亡くなられた椎葉正夫さん（仮名）は、40代半ば頃、自宅から勤務先に通う途中に、ある長い坂を自転車に乗って一気に登りきっていたが、ある時からそれができなくなって、坂の中ほどで降りて歩いて登るようになった。「歳のわりには体力が落ちたかな」と思って、元旦から朝マラソンを始めたが、走り出してすぐに息が切れてネバネバしたたんがたくさん出た。ガンかもしれないと不安に思いながらそのままにしていたが、ある時ふと気がついた。公害が原因かもしれないと。当時、三重県の四日市では工場の廃棄物により空気が汚れ、周辺住民が呼吸器系の疾患に悩まされていた。椎葉さんの自宅近くには大きな製鉄工場があり、そこから絶え間なく黒煙が噴出し、悪臭を感じていた。その頃、娘さんも同じだったが、大学に通うために東京に移住したら症状が消えた。

　ここまでと、これ以後の椎葉さんの行動の中の、学習の部分を抜き出して整理すると、次のようになる。

　Ⅰ①体調異常に気づく。
　Ⅱ②何か問題があると感じる。
　　③それが何なのか考え始める。
　Ⅲ④四日市公害との類似性に気づく。
　Ⅳ⑤いろいろな資料や本で調べる。
　　⑥公害の専門家に聞く。
　Ⅴ⑦自分で汚染物質の濃度の測定を始める。
　　⑧被害状況と大気汚染状況に相関関係があることを発見する。
　　⑨単なる相関関係ではなく、因果関係であることが明らかになる。
　　⑩学んだ成果を裁判の証拠とする。

　その後裁判は長期化したが、工場側が裁判所の勧告に応じて有害物質の排出をやめ、謝罪と賠償金の支払いを条件に和解した。

　椎葉さんは、体に異常が出て問題があると感じたが、三島・沼津の人たちは、化学コンビナート建設計画が出された段階で、住民に重大な健康障害が起きることを察知して反対運動を展開し、計画を断念させた。「この場所に、このような工場ができて汚染物質を排出すると、こちらの方向か

ら強い風が吹き、地域全体の大気が汚染される」ということを、実地調査から予見した。

　日常の生活の中での学習は、生活の中の見えない問題の発見から始まる（Ⅰ）。続いて、その問題の解釈と解決方法を探す学習課題を明らかにする（Ⅱ）。学習の結果として仮説が生まれ（Ⅲ）、その検証がされる（Ⅳ、Ⅴ）という経過をたどる。この場合、科学などの研究は⑨で終わるが、生活の中では、⑩も学習の成果の検証の手段として、学習の一部となる。何かを明らかにしても、それが生活の改善や問題解決に役立たなかったら、学習は目的を果たしたことにはならない。

　三島・沼津の人たちや椎葉さんが取り組んだような学習は、子ども・若者が一人の自立した社会人として生活を始めた場合に、必ずしなければならないことである。学習して問題に取り組まねば、命を失い、生活が破壊されるおそれがある。その学習は、次の4つの点で、これまでの学校での学習と本質的に異なる。

　a. 他の人の学習を意図的に助成・支援するという意味の教育を受けずに、自立的に学習する。
　b. 生活の中の見えない問題を見えるようにするところから始める。
　c. 学習成果を問題解決、あるいは改善の手段・方法に転換する。
　d. 実際に、生活の中の問題の解決・改善に役立てて検証する。

　料理など生活の中の小さな学びであっても、①から⑩までの経過をたどり、a～dの条件を全て満たさないと実現できない。このうち、cとdについては、日常の生活の中の学習全てに言えることではない。この2つがされない場合には、趣味としての学習または学習の途中段階となる。椎葉さんが公害に関心を持ち、四日市公害について知ったことは、c、dが欠けていたから、学習の途中段階であったが、問題解決の重要なきっかけになって学習が完結された。しかし一人の社会人としての学習は、個人的な関心あるいは問題解決だけでは十分とは言えない。次の2つの社会原理に基づかなければならない。

　1. 世界中の全ての人が互いに傷つけ合うことなく、みんな幸せになる。

第15章　自然と生物を総合的に捉える

2. 生きもの・自然（宇宙）のこれまでの歴史の中で形成したものが、人間によって大きく損なわれることなく、今後も発展できる。

　人間のこうした基本原理と生活の改善、問題解決に結び付いた、教育を必要としない自立的な学習を「本学び」と呼んでいる。学校での子ども・若者の学びは、「教育的学び」（後掲）から離れて「本学び」になることを目標にする必要がある。

2. 総合とは

　「本学び」は、椎葉さんの学習でも見られるように、ほとんどが総合的である。総合とは、一般的に学習や仕事など人間が行う方法の一つであり、分析と対になっていると考えられている。例えば生物の細胞の内部を観察すると、核や細胞膜、細胞質に分かれているのが分かる。その核などを別々に調べて細胞にとってどのような働きをしているのかを調べるのが分析、それらが互いにどのような関係を持って細胞として存在し続けるかを調べるのが総合である。分析とは、物事を成り立たせている成分や要素に分解して、それらがどのようなものか、物事全体に対してどのような意味を持っているか、あるいはどのような役割を果たしているかを調べる方法である。分析は、あとで総合することを前提にして進められる。それに対して総合は、分析によって明らかにされたことをまとめる方法である。学習指導要領にある「総合的な学習の時間」も、別に学習指導するべき全体をいくつか分けた、理科などの教科・科目があって、そこで学習したことをまとめて学ばせるという意味を持っている。だから総合的な学習は、学習がある程度進んだあとで成り立つ学習方法である。

　再び、例にした細胞のことに戻るが、細胞は生物体を成り立たせている単位であって、細胞にはさまざまなものがある。それぞれが分析によって独特の働きをしていることが分かり、総合によって、それらの相互関係に目を向け、生物体全体を総合的に捉えて、生きていることが分かる。分析と総合という学習・研究の方法は、学問の一分野である自然科学において

も、素粒子のような極小の世界から宇宙全体のような極大な世界までさまざまな段階で採用されている。理科での学習の中にも、総合学習はさまざまな段階のものがある。

第2節　子どもの成長に伴う学習指導上の6つの課題

　以上のことは、指導する側の考え方を述べたにすぎない。こうした考え方による指導を学ぶ側の子ども（若者）が歓迎するかどうかも、問題として考えねばならない。この点について重要な観察がある。

（1）子どもの問いから大人の問いへの転換期に注目する

　森田伸子 は、「子どもの問いが、『世界を始めて新しい目で見る』者、つまり世界を前にした者の『驚き』から生まれる問いだとしたら、大人の問いは、世界の真っただ中で道に迷いながら発せられる、疑いと不安の問いだとも言えましょう」[森田、2011]と言っている。この子どもの問いから大人の問いへの転換が起きるのは、学校を卒業して職業に就き、生計を立てるようになってからではなく、中学2年生頃のことである[岩田ほか、2014]。この問いの転換に対応して学習指導のあり方を転換させないと、教育という教師たちの営みに、取り返しのつかない大失策が生じる。

（2）入学後に発生する子どもの学習意欲の転換

　学習意欲、学習要求の転換は、学校での12年間の学習生活の中で、①入学してしばらくしてから、②小学4年生になった頃、③学校を卒業する時など、ほかにいくつもある。

　入学した時の転換とは、教え主導の学びが生活の中心になり、指導が適切に行われないと、そうした問いの源泉となる多様な世界から遠ざかり、森田の言う本来の子どもの問いができなくなって精神的な不安が発生し、そこから学習嫌いになる。この場合、校内に林や草原、畑や池を設けるな

どの学習環境づくりや、校外に出て地域の森林や草原、水系の中で自然（生物世界）と接し、直接働きかけて「遊びながら学ぶ」という学習指導を進めることが望まれる。また、遊びでありながら、そこから自然（生物世界）の理を探し出し、またその理を手段として周りの世界を見ることによって、学ぶことの大事さと楽しさを感受できる授業づくりが望まれる。この段階での学習は、分析的・総合的以前の学習であるから、「未分化学習」ということができる［岩田ほか、2014］。こうした適切な指導がされると、子どものほうから、「こういうことを学びたい」という具体的な学習課題が示されるようになり、分析的学習へと進むことができる。

（3）相互関係・法則性・歴史性認識へ

　学ぶことの楽しさと意義を感じ、子どもたちが学校での学びに意欲的に取り組む姿勢が生まれてきたら、そうした子どもの学びの芽を確実に育てるための指導上の手だてが必要である。それは、森田の言葉を借りるならば、「世界を前にした者の『驚き』から生まれる問い」が多様に広まり深まるような、またそれによって子どもの学びが豊かになる、多様で広大な自然（生物世界）を環境として提供することが必要である。

　このように子どもの学びが発展していくと、学習要求に次の転換が生まれてくる。小学4年生頃になると、感覚で捉えた事実を基礎に、感覚では捉えられない物事の相互関係、法則性、歴史性、本質へ子どもの関心が向く。分析学習の確立である。

（4）教育的学びから本学びへの転換

　卒業時の転換とは、すでに触れた教育的学びから本学びへの転換である。学校などで見られる子どもの学びは、先生などによる指導が伴う。これが「教育的学び」である。学校を卒業して社会に出て独立すると、学びは教育から離れて、全て自分で行う「自立的学び」となる。何を学ぶか、学びの課題を発見するところから、自分自身で始めなければならない。学習課題が明らかになれば、学ぶ方法・手段を自分で探す。場合によっては、信

頼できる人を見つけて教えてもらうということもある。同じ課題に取り組んでいる人と共同で学習する、あるいは異なる課題で学習している人たちとの連携を密にする。学んだことがかえって学んだ本人にとっては不利益になったり、社会的正義に反したりするものにならないように点検もしなければならない。

(5) 実践による学習成果の検証

この「本学び」の実現について最大の問題は、若者の身につけた学び方が、「本学び」として実生活の中で実効あるものであるかどうかの評価をどのようにするかということである。筆記試験に合格したとしても、それは頭の中のことであって、実生活の中で活用できるという確証は得られない。そうした自己評価は、前掲の椎葉さんや三島・沼津の人たちがしたように、学んだことを方法・手段として利用して、他の人や物に働きかけて実証するほかない。その一方で、実践から学びの課題が提供され、「何を学んだらよいか」課題を明示する。本学びでは、常に実践と相互作用できるように、実践との関係において進められねばならない。そうした学びができるようにすることが、小学校1年生から高校3年生までの12年間を通じての学習指導の重要な進め方である。

(6) 自分中心の見方から他者意識形成へ

残された課題として、自己中心的な意識から他者意識への転換がある。自然（生物）を自分の立場からだけでなく、自然（生物）の立場から捉え、自分が望むことだけでなく、自然（生物）がそのものとして存続することを認める意識（他者意識）の形成が必要である。「はじめに」で簡単に述べたが、どれだけ崇高な目的・目標を持っても、自然（生物）は、その理に則して働きかけないかぎり、目指したとおりの保全も変化もない。この他者意識が、いつどのように形成されるかは不明である。いくつかその萌芽的なものの成立が確認できている。1つは、大森享が報告している荒川の河川敷での環境学習に見られる。トンボの幼虫のヤゴを放ったところ、

泥だらけのところに向かって移動し、自分たちとはちがって、そこがヤゴたちにとって住みやすいところであることを発見し、自分たちがつくった河川敷の池を生きものが生活できる場所にしたいという考え方を生み出した［大森、2001］。また高校１年生の生物の授業「アメリカシロヒトリの生活」についての次のような感想文でもうかがえる。「アメリカシロヒトリは、人間様から見れば、やっかいなものであるが、彼らは彼らなりに一生懸命で生きているのである。害虫といっても命はあるのだし、二者がうまくいかないものであろうか？　アメリカシロヒトリの方にしてみれば、人間様がめいわくな時もあるのではないか」［岩田、1979］。

第3節　学習指導過程の３つの階梯

1. 初歩期・基礎期・完成期

　学習指導の基本計画を立案するには、子ども・若者の自然(生物)についての学習要求の、成長に伴う転換を重視する必要がある。しかし、それだけで立案が可能というわけにはいかない。立案に当たって明確にしておかなければならないことがある。それは、一般的に学習指導だけでなく意識的な人間行為は、その出発点を何から始めるかということと、どのような状態になったときにその行為が完成したと見るかを明確にしなればならない。それだけでなく、その中間に基礎形成という段階を設ける必要がある。そこに到達できなければ完成は難しく、そこに到達できれば完成できる可能性が高くなるという基礎をつくることである。つまり、初歩期、基礎期、完成期の３つの「階梯」を設けて指導を進める必要がある。階梯とは、目標を設定してそこに向けて到達するための過程をいう (表１)。また、それぞれ３つの階梯の、学習指導上の相互関係を明確にしなければならない。

　このあと詳しく述べるが、完成期は、文字どおり学校での学習の完成期であり、教育的学びから本学びへの転換が目的である。それは、基礎期ま

表1　学校での自然（生物）学習指導計画試案

学年	学習発展段階から見た階梯	学習指導の目標	学習方法の基本	総合学習の視点から	指導する学習の内容
12 11	完成期	人間(自分)の自然(生物)とのかかわりに関する本学びの実現	模擬本学び（学習機会以外の学習に必要なことを全て学習者自身が選定する）	総合期	地域における人々（自分）の自然（生物）との関係の改善のための実践を支援する学習
10 9 8後半	基礎期後期	これまでの人間(自分)の自然(生物)とのかかわりを具体的にとらえ、それを評価し、本学び実現のための基礎をつくる	学習に当たって必要な助成・支援をし、模擬本学びを進めるに当たっての基礎をつくる		職業・産業としての自然（生物）との関わり、健康と医療・保険衛生の生物的基礎、生活と生物思想・生物学との関係・その歴史 食糧問題と人口問題の生物的基礎、人権の生物的基礎 人間性の起原、野生世界・農村・都市、地域における人間と生物世界
8前半 7 6 5 4 3 2後半	基礎期前期	人間（自分）が関わる自然（生物）の法則性・歴史性を基礎に現実を捉える		分化（分科）期	生物世界とその形成過程 動物世界とその形成過程、種の持続と繁殖・死亡 植物世界とその形成過程、私の体と個性、寄生生物いろいろ 草と木とコケ（陸上植物世界の形成） 大きな生物と小さな生物 哺乳動物世界とその形成過程 身の周りの植物 絶滅生物と現生生物とのつながり、昆虫世界 栽培・飼育と生物の生育と繁殖 犬と猫、鳥、魚 私の体、大昔の動物、生物の親子
2前半 1	初歩期	学ぶ楽しさと意義を感じ、意識的に学ぶことを生活の中に組み入れる	学習環境を提供し、子どもたちがいっしょになって遊びながら学習する	未分化期	校内・地域を中心にしながら、別の地域や動物園のような学習の場に見られる自然（生物）

＊基礎期：そこに到達することなしには完成できず、到達すると完成する可能性が高い時期

でに学んだことを方法・手段にしてその転換を図る学習である。そこで基礎期の学習成果を検証することにもなる。基礎期の学習は、そのために必要な、さまざまな方法・手段を身につけなければならない。自然（生物）とはどのようなものであるかをしっかりと捉えておかなければならない。

　素粒子から宇宙全体まで、宇宙・物質の起原から始まって現在の物質・宇宙までの自然の歴史、生命の起原から始まって現在の生物世界までの歴史、分子化合物から地球上の生物全体世界までの基本を知っておかなければならない。また、そうした自然（生物）に対してどう働きかければよいかも具体的に理解しておく必要がある。職業・産業としての自然（生物）との関わり、健康と医療・保健の自然（生物）的基礎などを学ぶ必要がある。そしてそうしたことを、人々が自分の生き方としてどのように取り組んできたかを明確につかまないと、自分の生き方を確定することはできない。人間の本質をつかむためには、人間がこの地球上にどのように誕生して現在のようになったのか、その生物的・自然的基盤も学ぶ必要がある。そうしたことを基礎期に学んだ上に、それらを活用して自分の将来を展望し、その展望に基づく「本学び」の第一歩を固めるのが完成期の学習である。

2．完成期の学習──総合学習

　「自然（生物）についての教育的学びから本学びへの転換」を目指す完成期の学習は、学校での指導を受けて進めることになるから、本学びにはならない。教育的学びから本学びへの橋渡しである「過渡期」の学習となる。「模擬本学び」ともいうべき授業形態が考えられる。指導を限りなく小さくした学びである。学習時期を設定して学ぶ機会だけ用意して、学習課題と到達目標の設定や、学ぶための方法・手段を考え出すなど、学習にとって必要な諸条件を学ぶ当事者自身が整えて進める学習である。可能な限り指導者の助成・支援を排除する。

　完成期の学習は、学習者がその課題を自分の考えで自由に選定して進めるから、小学校低学年での初歩期の学習と似ているが違う。完成期の若者

は、初歩期、基礎期において自分を取り巻く世界、あるいはそうした世界とどのように関わればよいかについての基礎を学習している。入学したばかりの子どもが校内や地域の動植物や物に接して何かに注目する偶然的に決めるのとは違い、基礎期に学んで得たものを総動員して足場にし、学習課題など学習に必要なことを探す。基礎期の分化（分析・分科）学習によって、周りの世界は、社会的な物事と自然的な物事に分けて学び、自然を非生物世界と生物世界に分け、生物世界は人間とその他の生物とに分けて学ぶ。また将来展望を描き、その展望どおりに実現するための方法と手段の基本になることを身につけているはずである。完成期の学習は、必然的にそうしたものをまとめて方法・手段として進めるから総合学習の形態をとることになる。

　ところが、自分で学習課題を決めるという点では、初歩期の未分化学習とは差異はない。子どもが校庭や校外に出て、いろいろなものに目が向きながらも、何かにひかれてそれと関わって学ぶのと同じように、「本学び実現」という目標への到達という一点につながるものを自分で探すことになる。完成期の学習としての総合学習の第一歩は、「未分化学習」と似た学習から踏み出すことになる。その中で、それなしには「本学び」は実現できない、あるいはそれを身につければ「本学び」実現は可能となるという基礎につながるものを明らかにしなければならない。総合学習は、常に未分化学習・分析学習との組み合わせによって成立する。完成期の模擬本学びは、典型的な総合学習である。

おわりに

　学習指導は、学習する子ども・若者と環境との関係である。この環境には、学習に対して意図的に助成・支援する者（指導者）と、そうでない学校や地域などに生活している人々と自然がある。これまで述べたことは、学習をめぐる環境の前者がどのように子ども・若者と関わればよいかということについてであったが、環境の中の後者をどうするかということも、

指導に当たっての重大な課題である。2つのことが具体的な課題である。それは、特定の学習に対応して特化したものとそうでないものがある。試験管やフラスコ、双眼実体顕微鏡、望遠鏡やハンマーなどのほか、学習用具や校庭の教材園、学習園、博物館などは前者である。それらの充実が子ども・若者の学習にとって重要なことはいうまでもない。また学習課題を発見する環境として、そうした学習に特化したものではなく、学習に直接利用しない、子ども・若者が生活の場としての教室や地域の生活環境としての豊かさも軽視できない。

環境の充実の第2のことは、それらさまざまな環境を相互につなげることである。例えば、教室の水槽の中の水生生物と校庭の池の生物世界、地域の川や池、水田の生物世界、さらに日本の、地球全体の水生生物世界とのつながりである。教室のプランタと校庭の畑、草原、林と、地域の田畑、森林、草原……とのつながりである。このような一見子ども・若者の学習と関係ないように見える生活空間がいかに豊かかということが、子ども・若者の自然（生物）学習に決定的な意味を持つ。

引用・参考文献

岩田好宏「自然科学教育、生物教育の場合」滝沢武久ほか『自然・社会』（講座「日本の学力」第7巻）日本標準、1979年

岩田好宏「学びの分類学——学校教育の意味を考えるために」『教育』第49巻第6号、1999年、pp.94-103

岩田好宏・杉山栄一・中谷治代・吉岡秀樹・石渡正志「学習指導要領試案『人間（わたし）と生物世界』の概要——子どもと自然学会生物教育研究委員会中間報告」『子どもと自然学会誌』第9巻第1号、2014年、pp.21-65

大森享「川に池を掘った子どもたち」日本科学者会議科学と教育研究委員会編『自然科学と教育——理科ではダメだよ！』創風社、2001年、pp.37-56

森田伸子『子どもと哲学を——問いから希望へ』勁草書房、2011年

終 章

理科の教科カリキュラムの開発と教師の専門職性の探求

1. 新学習指導要領改訂と理科教育
―「構造化」は理科教育に何を投げかけるか？―

　2016年の春から夏にかけて、幼稚園から高校までの新しい学習指導要領改訂への最終作業が進められている。前年の中央教育審議会教育課程部会「論点整理」(2015. 8. 26)やその後の各教科等ワーキンググループでの議論と資料からは、いくつかの特徴ある変化を見いだすことができる。すなわち、①これまでの「生きる力」「確かな学力」を用いずに、「学力の三要素」「育成すべき資質・能力」という用語に推移していること、②全ての学校教育活動を掌握する形で「教育課程の構造化」が徹底され、全教科等で「知識・技能の習得」「思考力・判断力・表現力等の育成」「学びに向かう力・人間性等の涵養」という「三つの柱」に即した学習指導計画が想定されていること、③各教科等の教育指導の推進に当たってそれぞれの教科等で「見方・考え方」を「再定義」していること、④その教科等での「見方・考え方」を介して「主体的・対話的で深い学び」を実現するアクティ

ブ・ラーニングの奨めが位置づけられていること、⑤小学校での英語科創設、高校での国語、地歴、公民、理科、数学、外国語等の科目構成の変更、道徳科設置等が議論されてきていること、⑥「教科等を超えた視点」「社会に開かれた教育課程」を見渡した学習指導要領改訂を計画していること、等が見いだせる。

　理科に焦点を当ててみれば、例えば小学３年では「事象の差異点と共通点に気付き」、小学４年では「根拠のある予想や仮説を発想」し、順次、中学３年で「探求の過程を振り返り、その妥当性を検討する」というように学習過程の枠組みが強調されている。またエネルギー領域では「量的・関係的な視点で捉え」、生命領域では「多様性と共通性の視点で捉え」というように４領域ごとの「特徴的な見方」が例示されている。なお、高校理科においては、「善良な市民」「科学技術立国としての日本を支える人材」「世界をリードする人材」という個に応じた到達目標を想定しているかのようにも見える。

　このような改訂への動きは、教育課程編成原理をナレッジ・ベース（あるいはコンテンツ・ベース）からコンピテンシー・ベースへの移行を示唆しているものと思われる。ここでは、そのことを理科教育における評価と学習教材（さらには学習内容）の選定という課題に焦点化して見ておきたい。評価は、教育課程編成原理自体を問い直す側面を持つとともに、学習教材（さらには学習内容）の選定は、教育課程編成原理の本質と教師の専門職性を端的に反映すると思われるからである。

2. 新しい評価方法の探求

　ナレッジ・ベースからコンピテンシー・ベースへの移行は、知識・理解の深化・展開を計画し評価することではなく、コンピテンシー（能力）の変容を促すこと、つまり「何を知っているか」ということから「何ができるようになるか」を加味・重視して教育課程編成を行うことを意味している。「コンピテンシー」とは「単なる知識や技能だけではなく、技能や態

度を含む様々な心理的・社会的なリソースを活用して、特定の文脈の中で複雑な要求（課題）に対応することができる力」（文部科学省）と紹介され、「職業上の実力や人生における成功に直結するような、社会的スキルや動機、人格特性も含めた包括的な能力」［石井、2015］で、より包括的概念である。

　このことは、1990年代の「生活科」創設時からの「学力」概念拡張に連なっている。つまり、「学力」を「生きる力」の一側面（知的側面）として位置づけ、「生きる力」の要素であった問題解決能力を「確かな学力」という用語に包含（中教審答申2003.10）し、その後、法規上でも学力概念として規定（学校教育法第30条第2項、2007）していったのである。

　しかし、このような学力概念の拡張は、知識・技能のほかに学力の要素とした「関心・意欲・態度」を評価することの難しさに直面することとなった。評価の水準（スタンダード）の不明確さ（教師個人による判断基準の差異の問題、学校による評価水準の違いへの懸念）や、学力を判断しやすい事象・場面に限定しがちであるという評価方法上の問題が顕在化していった。

　このことは、理科実験操作や実験レポート、スケッチ・観察画等のパフォーマンスとその成果物の評価等の妥当性と客観性をどう確保するかという課題と重なっている。これを他教科に転じてみれば、①完成作品の評価（エッセイ、論文、レポート、絵・図表、モデル、デザイン）、②実技の評価（朗読、ダンス、演奏、運動実技、コンピュータ操作、実験、実習、チームワーク）等でも同様な課題を抱えていることが分かる。さらに近年は、到達度・目標に対しての評価（「確かな学力」の評価）とともに、「個人内評価」（関心・意欲）を的確に加味した評価方法が求められてきているのである。

　このような知識や技能の到達状況とともに、それら知識や技能を活用・応用して思考・判断や行動をしたり、表現・伝達する場面に関する評価の方法として開発されてきたのが、パフォーマンスを対象とした評価法（パフォーマンス評価）である。パフォーマンスとは、行為・行動・動作・技能・技術や目標達成機能のことを指している。そこで用いられるパフォーマンス評価では、実験レポートやスケッチ、実技等のよしあし（質的・定

表1　ルーブリックの事例（中学校理科1年　物質の性質）

		方法と結果	具体的な方法例
A	4	3種類のメダルを銀と銀以外の金属、プラスティックに区別できる実験計画が立てられている。 3種類の物質を区別するために2つ以上の方法を示している。 それぞれの方法によって、何が明らかになるかを正しく予想している。	①電流が流れるか（たたいて伸ばす、みがくなども含む）→密度を測る（水に浮くか調べることも含む） ②燃やす→密度を調べる
B	3	3種類のメダルのうち、1種類の物質を特定できる実験計画が立てられる。 物質を区別するための適切な方法を1つは示し、その方法によって何が明らかになるかを正しく予想している。	①電流を流す ②たたいて伸ばす　③みがく ④密度を測る（水に浮くか調べることも含む）　⑤燃やす
C	1	物質を区別するための方法を書いているが、その方法では特定できない、もしくは結果の予測が正しくできていない。	①磁石につくか調べる ②溶かす（水、塩酸？） ③さび
	2	物質を区別する方法を示すことができない。	

(出典)［西岡編著、2008］を基に作成

性的評価）の判断規準をどう設定するか、という課題が顕在化しているということである。

　この評価活動に伴う主観性の相対化、妥当性・信頼性・必然性を担保するために開発された一つの方法がルーブリック（rubric）による評価である。つまり「パフォーマンスの質を段階的に評価するための評価規準」をどう設定するかということで考え出されたのが「ルーブリック評価指標」で、国立教育政策研究所教育課程研究センターの「評価規準の作成、評価方法等の工夫改善のための参考資料」（2011）での例示に類似している。

　表1は、中学校理科1年でのルーブリック評価指標の例である。ここには、「それぞれの尺度に見られるパフォーマンスの特徴を示した記述語（descriptor）」と「達成の度合いを示す数値的な尺度（scale）」で、評価指標を設定している。「記述語」とは評価の視点あるいは観点に当たるもので、「尺度」はレベル、段階的水準と言えるものである。すでに学校現場での「評価規準」と「評価基準」という用語に類似している［高浦、2004］。

　このほかにも、自己評価を加味した「1枚ポートフォリオ評価法」等も提案されており、今後、自己評価を含めた評価方法の開発が焦眉の課題となっていると言えよう（近年の成果としては、堀・西岡（2010）、秋田・藤江

（2010）などがある）。

3. 理科教育における教職専門性を考える
—認知／学習科学研究を介した授業研究の展開—

　先に述べたように、ナレッジ（コンテンツ）・ベースというよりもコンピテンシー・ベースに軸足を置いた教育課程編成に移行したとしても、子どもたちが「『何ができるようになるか』を明確にしながら、『何を学ぶか』という学習内容と、『どのように学ぶか』という学びの過程を組み立てていくことが重要」なことには変わりがない（中教審「審議のまとめ（案）」2016.8.1）。

　この点で、近年の学習科学で再評価されている授業実践成立に関する次の３つの教師の専門的知見［米国学術研究推進会議編著、2002 p159］に関して考察しておきたい。この学習科学は、ナレッジ・ベースからコンピテンシー・ベースへの移行を促した一要因でもある［西岡、2016 pp.37-38］。

　①「教科内容に関する知識」（教科内容の知識）
　②「授業を想定した教科内容の知識」（教授学的知識）
　③「生徒の認知過程についての知識」（学習者の認識論的知識）

　この３点は、日本の授業研究において従来も重視されてきた事柄ではあるが［日本教育方法学会編、2009］、それは波多野誼余夫・稲垣佳世子ら認知・学習科学の先駆者によって世界・米国に発信され逆輸入されてきた観点でもある［三宅、2006］。ここでの論点は、「教師に学問原理の知識（教科内容の知識のこと＝筆者注）がない限り、授業はすぐに行き詰まってしまう」には違いないが、熟練・熟達教師であっても「教師は教科内容を知っているだけでは不十分であり、その内容を生徒が学習する際に、何が『概念上の障壁』になるかを知らなければならない」という知見である［米国学術研究推進会議編著、2002 pp.159-161］。誤解を恐れずに言えば、「教科内容に関する（自然科学的）知識」を重要な参考資料として「授業を想定した教科内容の知識」の選定・構成・検証方法等の知見を得ながらも、理科授業の成立と展開のために必要な教師の知見はそれだけではないという側面を見

ておく必要があるということである。つまり、理科授業を成立・展開するための重要な教師の知見は、「教科内容に関する知識」にヒントを得ながら、学習者の生活的概念に即して科学的概念へと「橋渡し」（bridging）、足場かけ（scaffolding）するに当たって、「教科内容に関する知識」を「授業を想定した教科内容の知識」として翻訳・翻案することにあるということである。その翻訳・翻案する教師の思考活動は、教職専門性の重要な要件の一つである。ただ留意しなければならないのは、「教科内容に関する知識」を学習材（教材）へと翻訳・翻案する方向だけでなく、逆に子どもらが持ち込んだ学習素材の中に潜む自然の規則性・法則性を抽出する方向での翻訳・翻案もあることを忘れてはならないということである。

　ここには、学習者が身につけている生活的概念には誤概念と科学的概念が混在してもいるが、その状態を学習者の誤りとか一面的で不正確な認識に基づく理解＝誤概念（misconception）としてだけではなく、未分化な素朴概念（naive conception）として捉え、その素朴概念自体が社会的・文化的産物であり、それは他者との共同的学び合いによって、より高次な認識へと再構成されていくという知見（社会構成主義理論）も背景に存在している［ヴィゴツキー、2003］［大野、2008 pp.384-386］。そして、この共同的学びを可能とするためには、学習者の多様な意見を交わらせ、思考・認識状態を可視化し、学習者自身が検証・確認できるような学習場面を設けることやそのような学習環境を形成するための知見も、教師には期待されている。

　ところで、先に見た２つの方向を持つ翻訳・翻案作業のうち、どちらかといえば「教科内容に関する知識」を学習材・教材に翻訳・翻案するという指向が多くなっているように思われる。そのこと自体は、現在までの理科教育においても十分ではないし、さらに近代科学・技術概念を基にした理科授業の創造という課題の重要さは消えてはいない。と同時に、「モノ・自然・実在離れ」の進行を無視できない現在、学習者が日常的生活で学んだ生活的概念（自然発生的概念）［ヴィゴツキー、2003］に依拠しながら科学的概念へと誘う翻訳・翻案にも留意することが必要となっているように思われる。これらのことに留意すると、上記の３つの教師の専門的知見に

基づいた教師の「翻訳・翻案」とカリキュラム構成・評価力に焦点化される教職専門職像が浮かび上がってくる。本巻に収録された理科教育実践の典型的教材や授業創造の事例から、これら専門的知見・教職専門性の重要性を読み取ることができるのではないだろうか。

参考文献

秋田喜代美・藤江康彦『授業研究と学習過程』放送大学教育振興会、2010年

石井英真『今求められる学力と学びとは――コンピテンシー・ベースのカリキュラムの光と影』日本標準、2015年

ヴィゴツキー（土井捷三・神谷栄司訳）『「発達の最近接領域」の理論――教授・学習過程における子どもの発達』三学出版、2003年

大野栄三「構成主義という用語の意味と理科教育」『日本物理学会誌』第63巻第5号、2008年

高浦勝義『絶対評価とルーブリックの理論と実際』黎明書房、2004年

西岡加名恵編著『逆向き設計で確かな学力を保障する』明治図書、2008年

西岡加名恵『教科と総合学習のカリキュラム設計――パフォーマンス評価をどう活かすか』図書文化、2016年

日本教育方法学会編『日本の授業研究』（上・下）学文社、2009年

米国学術研究推進会議編著（森敏昭・秋田喜代美監訳）『授業を変える――認知心理学のさらなる挑戦』北大路書房、2002年

堀哲夫・西岡加名恵『授業と評価をデザインする 理科――質の高い学力を保障するために』日本標準、2010年

三宅なほみ「波多野誼余夫研究史」『認知科学』第13巻第2号、2006年、pp.149-155

《資料》楽しい理科授業を作るためのアイディア情報源

　文部科学省は「教育の情報化ビジョン」として、情報通信技術を最大限活用した21世紀にふさわしい学びと学校の創造を目指すことを取りまとめており、現在インターネット上にはさまざまな教育コンテンツが存在している。ここでは、理科の授業や教材研究など、教員の指導力向上に役立てられるウェブサイトを紹介する。

理科ネットワーク（http://www.rikanet.jst.go.jp）　科学技術振興機構（JST）が作成しているデジタル教材のサイト。数あるデジタル教材の中でも最も知名度が高く、動画、図鑑、指導資料など理科全般にわたって内容が充実している。利用には登録が必要であるが、教員養成系の大学生も登録し利用することができる。児童・生徒も利用できる一般公開版もある（http://rikanet2.jst.go.jp）。

NHK for School（http://www.nhk.or.jp/school/）　NHKが運営するデジタル教育コンテンツのサイト。学校向けに放送している番組や1〜2分のクリップ動画を検索し、いつでも見ることができる。また、電子黒板用の教材や授業案、ワークシートも提供している。

教育用画像素材集（https://www2.edu.ipa.go.jp）　情報処理推進機構が運営しているサイト。各教科のデジタル素材を扱っており、理科では写真やCG、微速度映像などをダウンロードすることができる。実験器具の図などもダウンロードできるため、授業プリントの作成にも活用できる。

理科教材データベース（http://chigaku.ed.gifu-u.ac.jp/chigakuhp/html/kyo/）　岐阜大学教育学部理科教育講座地学教室が作成した教材データベース。理科の各分野の動画、写真、図鑑、実験教材、それらコンテンツを活用した実践研究などを紹介している。教員養成系大学の研究室のウェブサイトでは、実験教材や実践研究報告を紹介していることが多いので、各都道府県の大学のサイトを検索してみるとよい。

化学薬品データベース（http://www.kagakukan.sendai-c.ed.jp/yakuhin/index.htm）　仙台市科学館が運営しているサイト。学校向け薬品の保管、使用、廃棄の注意点を調べることができる。学校現場での利用を目的として作られており、各学年の単元ごとに実験情報や使用する薬品の入手法、調製法についてまとめられているため、理科を専門としない者でも検索がしやすくなっている。

国立天文台のウェブサイト（http://www.nao.ac.jp）　「天文情報」では年間で観測できる天体イベントのカレンダーを紹介しているので、その年の天体現象を取

り入れるなど年間計画を調整したい。「ギャラリー」では天体写真や各月の星空イラストなどをダウンロードすることができる。

宇宙教育センター（http://edu.jaxa.jp/materialDB/）　JAXAが運営している教育に関するウェブサイト。「教材を探そう」というページでは、単元ごとに教材や活動紹介資料を検索することができる。工学をはじめとする物理学の内容も充実している。指導ガイドや貸出教材の紹介も行っている。

インターネットミュージアム（http://www.museum.or.jp）　空間デザイン会社である丹青社が運営するウェブサイト。全国の博物館、動植物園を検索できる。博物館等では地域に密着した教育支援情報や検索図鑑、学校と連携した授業プログラムなどを紹介しているため、学校近くの博物館等を検索し活用したい。

サイエンスチャンネル（http://sciencechannel.jst.go.jp/M160001/）　科学技術振興機構が運営している動画ライブラリー。最新の科学技術のトピックを動画で紹介している。それぞれの動画は5分程度であり、研究者が実験をしている様子や最新の研究機器なども紹介されているため、各分野の最先端の研究を短時間で理解するのに有用である。

　上記のような教育コンテンツを検索するには、以下のような教育委員会等が設置する教育センター等や全国の理科教育研究会、各教科書会社のウェブサイトのリンク集をたどると便利である。都道府県によりアクセス権が必要な場合があるため、自身の出身地や勤務希望先、勤務地のサイトをチェックしておくとよい。都道府県の教育センター等で公開しているデジタルコンテンツや実践研究報告は国立教育政策研究所が運営する教育情報共有ポータルサイト（https://www.contet.nier.go.jp）で網羅的に検索することもできる。

教育センター等（http://www.mext.go.jp/a_menu/shotou/kenkyu/1225078.htm）
全国小学校理科研究協議会（http://rika.e-kenkyu.net）
全国中学校理科教育研究会（http://www.zenchuri.net/todouhuken.html）
教科書発行各社へのリンク（http://www.textbook.or.jp/about-us/publishing.html）

　ウェブサイト内の資料の利用に当たっては、著作権等の利用規約を確認することはもちろんのこと、個人のブログやまとめページなどを参照する際には、信頼性や出典を確認したうえで利用するなど、教員自身の情報活用能力にも注意したい。デジタル教材はあくまでツールであり、それらを使ってどのように授業を構成するか、教材研究を重ねることが求められる。

（佐藤　綾）

■ 編著者紹介 ■

三石 初雄（みついし・はつお）　―――――――――――――●序章・終章

帝京大学大学院教授。東京学芸大学名誉教授。東京都立大学大学院博士課程人文科学研究科教育学専攻単位取得退学。専門は教育方法学・教育課程論、教師教育論。
主な著書に、『新理科教育法』（分担執筆、東京書籍、1996年）、『「教え」から「学び」への授業づくり　理科』（編著、大月書店、1997年）、『小学校環境教育実践シリーズ（全4巻）』（編著、旬報社、1998年）、『授業づくりのための理科教育法』（分担執筆、東京書籍、2004年）、『教師も楽しい小学校理科授業　なっとく3年生』『教師も楽しい小学校理科授業　なっとく6年生』（2冊、共編、ルック社、2005年）、『教師改革のゆくえ――現状・課題・提言』（分担執筆、創風社、2006年）、『高度実践型の教員養成へ――日本と欧米の教師教育と教職大学院』（共編、東京学芸大学出版会、2010年）、『「評価の時代」を読み解く――教育目標・評価研究の課題と展望　下』（分担執筆、日本標準、2010年）、『日本の授業研究――授業研究の方法と形態　下』（分担執筆、学文社、2010年）、『現代の教育改革と教師――これからの教師教育研究のために』（共編、東京学芸大学出版会、2011年）、『新しい時代の教育課程〔第3版〕』（共著、有斐閣、2016年）など。

中西　史（なかにし・ふみ）　―――――――――――――●第12章

東京学芸大学講師、筑波大学大学院生命科学研究科単位取得退学。博士（理学）。
専門は理科教育。
主な著書に、『開花・結実の分子機構』（分担執筆、秀潤社、1992年）、『図説 学力向上につながる理科の題材「知を活用する力」に着目して学習意欲を喚起する　生物編』（分担執筆、東京法令出版、2006年）、『小・中・高一貫カリキュラムへの改革を先取りした理科の授業づくり――生活に有用な探究的学びや、社会とのつながりを見据えた工夫事例集』（分担執筆、東京書籍、2012年）、『地域に学ぶ、学生が変わる――大学と市民でつくる持続可能な社会』（分担執筆、東京学芸大学出版会、2012年）、『教育支援とチームアプローチ――社会と協働する学校と子ども支援』（分担執筆、書肆クラルテ、2016年）など。

■■ 執筆者紹介 ■■

石井恭子（いしい・きょうこ）————————●第5章
　　玉川大学教授

岩田好宏（いわた・よしひろ）————————●第15章
　　元千葉県立千葉高等学校教諭

大野栄三（おおの・えいぞう）————————●第6章
　　北海道大学教授

大森　享（おおもり・すすむ）————————●第10章
　　北海道教育大学教授

川勝　博（かわかつ・ひろし）————————●第14章
　　元名城大学教授

北林雅洋（きたばやし・まさひろ）————————●第9章
　　香川大学教授

栗田克弘（くりた・かつひろ）————————●第4章
　　山口大学准教授

田中　実（たなか・みのる）————————●第11章
　　元北海道教育大学教授

種村雅子（たねむら・まさこ）————————●第13章
　　大阪教育大学准教授

露木和男（つゆき・かずお）————————●第2章
　　早稲田大学教授

橋本　格（はしもと・いたる）————————●第8章
　　神戸親和女子大学教授

三上周治（みかみ・しゅうじ）————————●第7章
　　京都橘大学教授

矢野英明（やの・ひであき）————————●第1章
　　帝京大学大学院客員教授

山口晃弘（やまぐち・あきひろ）————————●第3章
　　品川区立八潮学園校長

（五十音順／敬称略／●印は執筆担当章）※現職所属は発刊時

《コラム・資料執筆者》

赤尾綾子（あかお・あやこ）————————●コラム13
　洗足学園小学校教頭

伊藤　聡（いとう・さとし）————————●コラム2
　町田市立忠生中学校副校長

伊東大介（いとう・だいすけ）———————●コラム7
　東村山市立青葉小学校教諭

興治文子（おきはる・ふみこ）———————●コラム3
　新潟大学准教授

葛貫裕介（くずぬき・ゆうすけ）——————●コラム11
　東京学芸大学附属小金井小学校教諭

斎木健一（さいき・けんいち）———————●コラム8
　千葉県立中央博物館教育普及課長

酒井康雄（さかい・やすお）————————●コラム1
　福島県教育センター指導主事

桜庭　望（さくらば・のぞむ）———————●コラム5
　宇宙航空研究開発機構宇宙教育センター長

笹土隆雄（ささど・たかお）————————●コラム6
　自然科学研究機構基礎生物学研究所研究員

佐藤　綾（さとう・あや）—————————●巻末資料
　群馬大学講師

杉山栄一（すぎやま・えいいち）——————●コラム10・12
　元千葉県公立中学校教諭・元工学院大学非常勤講師

藤井徹平（ふじい・てっぺい）———————●コラム9
　世田谷区立奥沢中学校主幹教諭

古川一博（ふるかわ・かずひろ）——————●コラム4
　福島県会津若松市立河東中学校長

（五十音順／敬称略／●印は執筆担当）※現職所属は発刊時

■ 監修者紹介 ■

橋本美保（はしもと・みほ）

1963年生まれ。1990年広島大学大学院教育学研究科博士課程後期中途退学。現在、東京学芸大学教育学部教授、博士（教育学）。専門は教育史、カリキュラム。主な著書に、『明治初期におけるアメリカ教育情報受容の研究』（風間書房、1998年）、『教育から見る日本の社会と歴史』（共著、八千代出版、2008年）、『プロジェクト活動──知と生を結ぶ学び』（共著、東京大学出版会、2012年）、『新しい時代の教育方法』（共著、有斐閣、2012年）、『教育の理念・歴史』（新・教職課程シリーズ、共編著、一藝社、2013年）、ほか多数。一藝社「新・教職課程シリーズ」（全10巻、既刊）を監修。

田中智志（たなか・さとし）

1958年生まれ。1990年早稲田大学大学院文学研究科博士後期課程満期退学。現在、東京大学大学院教育学研究科教授、博士（教育学）。専門は教育思想史、教育臨床学。主な著書に、『キーワード現代の教育学』（共編著、東京大学出版会、2009年）、『社会性概念の構築──アメリカ進歩主義教育の概念史』（単著、東信堂、2009年）、『学びを支える活動へ──存在論の深みから』（編著、東信堂、2010年）、『プロジェクト活動──知と生を結ぶ学び』（共著、東京大学出版会、2012年）、『教育臨床学──「生きる」を学ぶ』（単著、高陵社書店、2012年）、『教育の理念・歴史』（新・教職課程シリーズ、共編著、一藝社、2013年）、ほか多数。一藝社「新・教職課程シリーズ」（全10巻、既刊）を監修。

教科教育学シリーズ④

理科教育

2016年9月15日 初版第1刷発行

監修者　橋本美保／田中智志
編著者　三石初雄／中西 史
発行者　菊池公男
発行所　一藝社

〒160-0014　東京都新宿区内藤町1-6
Tel. 03-5312-8890　Fax.03-5312-8895
http://www.ichigeisha.co.jp　info@ichigeisha.co.jp
振替　東京00180-5-350802

印刷・製本　シナノ書籍印刷株式会社
ISBN 978-4-86359-082-3 C3037

©2016 Hashimoto Miho, Tanaka Satoshi, Printed in Japan.

定価はカバーに表示されています。落丁・乱丁本はお取り替えいたします。

本書の内容の一部または全部を無断で複写（コピー）することは、
法律で認められた場合を除き著作者及び出版社の権利の侵害になります。

一藝社の本

教科教育学シリーズ［全10巻］

橋本美保・田中智志◆監修

《最新の成果・知見が盛り込まれた、待望の「教科教育」シリーズ！》

※各巻平均210頁

01　国語科教育
千田洋幸・中村和弘◆編著
A5判　並製　定価（本体2,200円＋税）　ISBN 978-4-86359-079-3

02　社会科教育
大澤克美◆編著
A5判　並製　定価（本体2,200円＋税）　ISBN 978-4-86359-080-9

03　算数・数学科教育
藤井斉亮◆編著
A5判　並製　定価（本体2,200円＋税）　ISBN 978-4-86359-081-6

04　理科教育
三石初雄・中西史◆編著
A5判　並製　定価（本体2,200円＋税）　ISBN 978-4-86359-082-3

05　音楽科教育
加藤富美子◆編著
A5判　並製　定価（本体2,200円＋税）　ISBN 978-4-86359-083-0

06　体育科教育
松田恵示・鈴木秀人◆編著
A5判　並製　定価（本体2,200円＋税）　ISBN 978-4-86359-084-7

07　家庭科教育
大竹美登利◆編著
A5判　並製　定価（本体2,200円＋税）　ISBN 978-4-86359-085-4

08　図工・美術科教育
増田金吾◆編著
A5判　並製　定価（本体2,200円＋税）　ISBN 978-4-86359-086-1

09　英語科教育
馬場哲生◆編著
A5判　並製　定価（本体2,200円＋税）　ISBN 978-4-86359-087-8

10　技術科教育
坂口謙一◆編著
A5判　並製　定価（本体2,200円＋税）　ISBN 978-4-86359-088-5